Sarah Schropp

# Identitätsspielraum Internet

Die Relevanz des Handlungsspielraums
jugendnaher sozialer Netzwerke
für die Identitätsarbeit Jugendlicher
am Beispiel von Facebook

Bachelor + Master
Publishing

**Schropp, Sarah: Identitätsspielraum Internet: Die Relevanz des Handlungsspielraums jugendnaher sozialer Netzwerke für die Identitätsarbeit Jugendlicher am Beispiel von Facebook, Hamburg, Bachelor + Master Publishing 2013**
Originaltitel der Abschlussarbeit: Die Relevanz des Handlungsspielraums jugendnaher sozialer Netzwerke für die Identitätsarbeit Jugendlicher am Beispiel von Facebook

Buch-ISBN: 978-3-95549-168-0
PDF-eBook-ISBN: 978-3-95549-668-5
Druck/Herstellung: Bachelor + Master Publishing, Hamburg, 2013
Zugl. Universität zu Köln, Köln, Deutschland, Bachelorarbeit, September 2012

**Bibliografische Information der Deutschen Nationalbibliothek:**
Die Deutsche Nationalbibliothek verzeichnet diese Publikation in der Deutschen Nationalbibliografie; detaillierte bibliografische Daten sind im Internet über http://dnb.d-nb.de abrufbar.

© Bachelor + Master Publishing, Imprint der Diplomica Verlag GmbH
Hermannstal 119k, 22119 Hamburg
http://www.diplomica-verlag.de, Hamburg 2013
Printed in Germany

# Inhaltsverzeichnis

# Abbildungsverzeichnis

Abbildung 1:
> Geräteausstattung im Haushalt 2011, Medienpädagogischer Forschungsbund
> Südwest (mpfs) (Hrsg.) (2011): *JIM 2011. Jugend, Information, (Multi-)*
> *Media, Basisstudie zum Medienumgang 12- bis 19-Jähriger in Deutschland.*
> Stuttgart. In: http://www.mpfs.de/fileadmin/JIM-pdf11/JIM2011.pdf, S. 5.,
> [Letzter Zugriff: 06.08.2012].


Abbildung 2:
> Entwicklungsmodell nach Erikson, Vgl. ERIKSON, Erik H. (1966): *Identität*
> *und Lebenszyklus.* Suhrkamp Verlag, Frankfurt am
> Main.


Abbildung 3:
> Geschlechts- und Altersverteilung auf Facebook im April 2012,
> Allfacebook.de,
> http://www.allfacebook.de/userdata/deutschland?period=1month,
> [Letzter Zugriff: 05.07.2012].


Abbildung 4:
> Die Facebook Chronik, http://ausgetrock.net/de/blog/nico/facebook-chronik-
> hack-vorlage-update, [Letzter Zugriff: 08.08.2012].

# 1 Gegenstand, methodisches Vorgehen und Zielsetzung der Arbeit

"A really big discontinuity has taken place. One might even call it a "singularity" – an event which changes things so fundamentally that there is absolutely no going back. This so-called "singularity" is the arrival and rapid dissemination of digital technology in the last decades of the 20th century."[1]

Marc Prensky „Digital Natives, Digital Immigrants" 2001

Wie das vorangestellte Zitat zur Einführung in das Thema veranschaulichen soll, haben digitale Technologien und neue Kommunikationsmöglichkeiten unsere Gesellschaft von Grund auf verändert. Wissens- und Informationsverteilung über das Web 2.0 sind nicht mehr futuristisch und insbesondere die Generation der unter 30-Jährigen ist zu einer digitalen, allzeit und allerorts vernetzten Online-Community geworden.

Die „Digital Natives"[2], ein von Prensky geprägter Begriff, zu Deutsch „digitale Eingeborene", gehören einer Generation an, die im Zeitalter der digitalen Technologien geboren wurde und mit ihnen aufgewachsen ist.

Digital Natives kennen kein Leben ohne Computer, ohne Mobiltelefon oder ohne Internet. Sie kommunizieren, lernen und arbeiten mit digitalen Medien und sind mit den Funktionsweisen und Chancen der neuen Technologien gut vertraut. Die Digital Natives sind Teil einer digitalen Kultur, und die meisten Facetten ihres Lebens sind digital geprägt.

Digital Natives wachsen in einer global vernetzten Welt auf, in der jeder mit jedem zu jeder Zeit verbunden sein kann. In ihrem Buch „Generation Internet" legen John Palfrey und Urs Gasser den Geburtsjahrgang 1980 als den ältesten Jahrgang der Digital Natives fest und trennen damit die Digital Natives von den „Digital

---

[1] Prensky, Digital Immigrants 2001, S. 1 ff.
[2] Ebd., S. 1.

Immigrants"[3], denen nämlich, die sich digitale Technologien im Laufe ihres Lebens erst aneignen müssen, ohne von Geburt an mit ihnen vertraut zu sein.

Eine bedeutende Mehrheit der Menschen auf diesem Planeten wächst jedoch ohne das World Wide Web auf. Nach Angaben der IWS hatten im März 2012 nur knapp über 30 % der Weltbevölkerung Zugang zum Internet.[4] Mit den nachfolgenden Theorien und Erläuterungen dieser Arbeit beziehe ich mich auf ebendiese 30 %, denen die Möglichkeiten des digitalen Zeitalters zugänglich sind.

Das Leben ohne digitale Technologien und elektronische Medien ist in der Gesellschaft des 21. Jahrhunderts nicht mehr vorstellbar. Vor allem für Kinder und Jugendliche erfahren digitale Medien einen enormen Bedeutungszuwachs. Sie werden in der heutigen Zeit vom Tag ihrer Geburt an mit einer hoch technisierten und extrem medialen Welt konfrontiert, in der es sich zurechtzufinden gilt.

Neben der Familie, der Schule und den Gleichaltrigengruppen (Peergroups) haben die Medien im Laufe der letzten Jahrzehnte eine bedeutende Rolle als Sozialisationsinstanz eingenommen.[5] Vor allem das Internet nimmt als Ort der Sozialisation immer mehr Raum im Leben der Jugendlichen ein und gilt mittlerweile als ernst zu nehmende Größe, die die traditionellen Sozialisationsinstanzen ergänzt.[6]

Die Folgen des sich rasant entwickelnden technologischen Fortschritts und die damit einhergehenden Veränderungen im Medienkonsum der Jugendlichen machen es für die heutige Medienpädagogik unumgänglich, sich mit dem Thema intensiv auseinanderzusetzen. Vor allem der Einfluss und die Wirkung des Internets auf die Identitätsentwicklung Jugendlicher werden untersucht. Im weiteren Verlauf dieser Arbeit gebe ich Einblicke in den aktuellen Forschungsstand.

79 % der Jugendlichen zwischen 12 und 19 Jahren besitzen einen eigenen Computer und neun von zehn nutzen täglich das Internet.[7] Digital Natives verbringen also einen Großteil ihrer Freizeit online und nehmen keine Trennung zwischen der virtuellen

---

[3] Prensky, Digital Immigrants 2001, S. 2.
[4] Vgl. Internet World Stats, [http://www.internetworldstats.com/list2.htm], Stand: 09.08.2012.
[5] Vgl. Fritz, Sting, Vollbrecht, Mediensozialisation 2003, S. 13.
[6] Vgl. Fritz, Sting, Vollbrecht, Mediensozialisation 2003, S. 7.
[7] Vgl. JIM 2011, S. 13.

und der realen Welt vor. Das Internet nutzen sie in erster Linie zur Kommunikation.[8] Sie knüpfen dort Freundschaften, halten sich regelmäßig in virtuellen Peergroups auf und verwenden das World Wide Web „[für] symbolische Auseinandersetzung[en] mit Realerfahrungen in ihrer Umwelt und vor allem mit sich selbst"[9].

Kommunikationsorte sind hierbei die sogenannten sozialen Netzwerke, die Social Networks wie studiVZ, myspace oder Facebook. Hier erstellen Jugendliche virtuelle Profile, pflegen und knüpfen Freundschaften, teilen ihren Freunden mit, was sie gerade tun und wo sie sich befinden, oder veröffentlichen (posten) zum Beispiel Fotos ihres letzten Sommerurlaubs.

Der Umgang mit dem Internet und der Aufenthalt in Social Networks sind für Jugendliche in vielerlei Hinsicht identitätsprägend. Er bietet ihnen neben Kommunikation und Information eine Fülle an Rollenbildern und Identitätsschablonen, an denen sich die Jugendlichen orientieren können und in denen sie sich verorten wollen. Das Internet kann Kindern und Jugendlichen einen Bezugs- und Koordinationsrahmen geben, in dem individuelle Identitäten entstehen können.

Gegenstand der vorliegenden Arbeit ist es, den Einfluss und die Wirkung jugendnaher sozialer Netzwerke im Internet auf die Identitätsarbeit Jugendlicher zu beschreiben. Als konkretes Beispiel und zur näheren Erläuterung der Vorgänge ziehe ich die Netzwerkplattform Facebook heran.

Es soll analysiert werden, welche Chancen soziale Netzwerke in Bezug auf jugendliche Identitätskonstruktionen bieten und anhand welcher Methoden und Funktionalitäten Jugendliche auf www.facebook.de ihre Identität entwickeln und darstellen können. Außerdem soll die Frage Beantwortung finden, ob die virtuelle Identitätsarbeit Einfluss auf das Selbstbild der Jugendlichen in der realen Welt hat, und ebenso, ob an dieser Stelle überhaupt noch eine Differenzierung notwendig ist?
Ferner sollen auch die Risiken, die virtuelle soziale Netzwerke in sich bergen, Beachtung finden.

---

[8] Vgl. JIM 2011., S. 33.
[9] Fritz, Sting, Vollbrecht, Mediensozialisation 2003, S. 9.

Im folgenden Kapitel dieser Arbeit werde ich als Einführung in das Thema die Begriffe Sozialisation und Mediensozialisation von Jugendlichen näher erläutern. Anschließend gebe ich einen kurzen Einblick in die Identitätsforschung, um im Folgenden zu diskutieren, ob das traditionelle von E. H. Erikson entworfene Identitätskonzept ohne Weiteres auf die heutige Zeit anwendbar ist.

Es schließt sich ein Einblick in die aktuelle Identitätsforschung im Allgemeinen und die Darstellung der Identitätstheorie Heiner Keupps im Besonderen an. Ferner erfolgt die ausführliche Betrachtung der Identitätsentwicklung und Darstellung Jugendlicher in jugendnahen Social Networks, illustriert am Beispiel der Netzwerkplattform Facebook.

Den Abschluss der Arbeit bilden ein Resümee sowie die Relevanz für die pädagogische Praxis.

# 2 Sozialisation im Jugendalter und Mediensozialisation

Um aufzuzeigen, welche Rolle die Medien heute im Sozialisationsprozess von Jugendlichen spielen, schaffe ich in diesem Kapitel zunächst eine theoretische Grundlage, indem ich die Begriffe Sozialisation und Mediensozialisation von Jugendlichen näher erläutere.

## 2.1 Sozialisation im Jugendalter

Seit den 80er-Jahren des vergangenen Jahrhunderts erfahren die Medien zunehmend auch in der Pädagogik eine größere Beachtung. Es wird ihnen erstmals eine Rolle im Sozialisationsprozess von Kindern und Jugendlichen zugeschrieben. Einen bis heute gültigen sozialisationstheoretischen Ansatz formuliert Klaus Hurrelmann. Auf seine Sozialisationstheorie werde ich mich im folgenden Abschnitt beziehen.

Mit dem Begriff Sozialisation beschreibt Klaus Hurrelmann „den Prozess, in dessen Verlauf sich der mit einer biologischen Ausstattung versehene menschliche Organismus zu einer sozial handlungsfähigen Persönlichkeit bildet, die sich über den Lebenslauf hinweg in Auseinandersetzung mit den Lebensbedingungen weiter-entwickelt."[10]

In seinem sozialisationstheoretischen Ansatz untersucht Hurrelmann den Einfluss der Gesellschaft auf die Persönlichkeitsentwicklung. Zentral ist sein Modell „des produktiv Realität verarbeitenden Subjekts".[11] Die zugrunde liegende Theorie besagt, dass sich die Persönlichkeit eines Menschen in allen Lebensphasen aus der aktiven Auseinandersetzung mit der „inneren Realität", also den Bedürfnissen der eigenen Physiologie und Psychologie, und der „äußeren Realität", also den Ansprüchen, Normen und Regeln der Gesellschaft, bildet.

Klaus Hurrelmann hebt dabei hervor, dass die „lebenslange Aneignung und Auseinandersetzung mit den natürlichen Anlagen"[12] und der individuellen biologischen Ausstattung die Vorstellung klar ausschließt, Sozialisation sei lediglich die Aneignung gesellschaftlich gewünschter Normen und Verhaltensregeln. Er

---

[10] Hurrelmann, Sozialisationstheorie 2006, S. 14.
[11] Vgl. ebd., S. 20.
[12] Vgl. ebd., S. 16.

beschreibt die Persönlichkeitsentwicklung als einen aktiven und durchaus produktiven Prozess, in welchem sich der Mensch mit den Anforderungen des eigenen Körpers und der eigenen Psyche aktiv auseinandersetzt und versucht, diese erfolgreich mit den Anforderungen der sozialen Umwelt in Einklang zu bringen.

Dieser Prozess wird von Hurrelmann deshalb als „produktiv" beschrieben, weil jeder Mensch flexibel und kreativ eine individuelle Form der Sozialisation wählt, die sich aus den jeweiligen spezifischen inneren und äußeren Bedingungen generiert.[13] Hurrelmann arbeitet dabei mit einem Lebensphasenkonzept. Der Mensch hat darin selbstständig und ein Leben lang jeweils altersspezifische Entwicklungsaufgaben zu bearbeiten, in denen es gilt, die Prozesse der Individualisierung und der sozialen Integration in Einklang zu bringen.

Wenn Sozialisation sich nun als ein Prozess beschreiben lässt, der jedem Individuum lebenslange kreative und produktive Entwicklungsarbeit abverlangt, warum scheint dann vor allem die Adoleszenz eine so komplexe Phase des Sozialisationsprozesses darzustellen?

Eine zentrale Entwicklungsaufgabe im Jugendalter ist, nach Hurrelmann, die individuelle Ausbildung einer eigenen Identität ebenso wie die Übernahme der Rolle als sozial integrierter Bürger.[14]

Dass sich nun im Kontext von Jugend und Sozialisation die Identitätsbildung krisenhaft vollzieht, schreibt auch Erik Homburger Erikson.[15] Für den Psychoanalytiker stellt die Adoleszenz eine normative Krise dar, eine im Zyklus des Lebens determinierte „Phase vermehrter Konflikte".[16] Psychische und physische Veränderungen in der Pubertät stellen neue Herausforderungen an die Jugendlichen, die es zu bewältigen und mit den gesellschaftlichen Anforderungen in Einklang zu bringen gilt. Das Erikson'sche Entwicklungsmodell beschreibt die Bildung der Identität als Thema, das in der Entwicklung eines Menschen zwar stets präsent bleibt, vorrangig jedoch in der Phase der Adoleszenz behandelt wird. Die Jugendlichen durchlaufen von der Geburt an verschiedene Entwicklungsstadien, in denen jeweils die Bewältigung eines bestimmten Themas Vorrang hat. Erikson

---

[13] Vgl. Hurrelmann, Sozialisationstheorie 2006, S. 28.
[14] Vgl. ebd., S. 38.
[15] Vgl. Keupp, Identitätsarbeit 1997, S. 74.
[16] Ebd.

vertritt die Vorstellung von Neubildung und Erweiterung des Könnens der Jugendlichen auf der Grundlage von Vorangegangenem.[17]

Im Gegensatz zu Erikson bezieht sich Hurrelmann jedoch im Hinblick auf die oben genannte Identitätsbildung nicht auf die Verarbeitung kindlicher Identifikationsmuster und deren neue Verortung in der Gegenwart, sondern auf die „Ergebnisse der Verarbeitung der inneren Realität und [deren] Abstimmung mit den Ergebnissen der Verarbeitung der äußeren Realität".[18] Diese werden, hier stimmen Erikson und Hurrelmann überein, im Verlauf der Entwicklung bis zur Adoleszenz zunehmend bewusster und für den Jugendlichen verfügbarer. Eben diese Bewusstwerdung der eigenen Bedürfnisse und das Potenzial, sie zu erkennen, sowie die Fähigkeit, sie mit den Anforderungen der Umwelt in Einklang zu bringen, „erreichen erst in der Jugendzeit eine qualitative Stufe"[19]. Dies macht die Komplexität der Jugendphase aus.

Erikson bezeichnet die Jugendzeit darüber hinaus als „entwicklungsförderliches Moratorium".[20] Es ist eine Zeit zwischen abgeschlossener sozialer Integration und Identitätsbildung sowie jugendlicher Freiheit. Auf die Frage, ob Identitätsbildung jemals als abgeschlossen verstanden werden kann und ob das von Erikson entwickelte Identitätskonzept in Gänze auf die heutigen gesellschaftlich-kulturellen Bedingungen anwendbar ist, gehe ich an anderer Stelle meiner Arbeit ein.

Rückhalt finden die Jugendlichen in dieser krisenhaften Zeit der Adoleszenz in Gleichaltrigengruppen, den Peergroups. Sie spielen in der Jugendphase eine wichtige Rolle, denn sie avancieren in dieser Zeit zur bedeutendsten Sozialisationsinstanz. Sie bieten Rückhalt in der Ablösung vom Elternhaus und Raum für freies Experimentieren ohne erzieherische Konsequenzen.[21]

## 2.2    Mediensozialisation von Jugendlichen

Fritz, Sting und Vollbrecht bezeichnen Sozialisation als „jene dialektische Beziehungen zwischen Persönlichkeitsentwicklung und gesellschaftlich vermittelter

---

[17] Keupp, Identitätsarbeit 1997, S. 68.
[18] Hurrelmann, Sozialisationstheorie 2006, S. 175.
[19] Ebd.
[20] Keupp, Identitätsarbeit 1997, S. 75.
[21] Vgl. Keupp, Identitätsarbeit 1997, S. 75.

sozialer Umwelt, die nicht an pädagogische Absichten und Dialektiken geknüpft sind".[22] Moderne Kommunikations- und Informationsmedien haben sich in diesem pädagogisch dialektischen Vakuum etabliert.

Die Studie Jugend, Information (Multi-)Media, des Medienpädagogischen Forschungsverbunds Südwest, kurz JIM-Studie, erhebt jährlich Daten über die komplexe Medienwelt deutscher Jugendlicher zwischen 12 und 19 Jahren.

Im Jahr 2011 umfasste die Grundgesamtheit aller Befragten ca. 7.000.000 Jugendliche. Da die Mediennutzung der Jugendlichen jedoch vielfältige Ausprägungen hat und ich an dieser Stelle nicht detailliert auf Unterschiede in Bildungsniveau, Geschlecht oder Alter eingehen kann, sind die im Folgenden aufgeführten Zahlen und Darstellungen immer vereinfachend zu verstehen und sollen nur einen Überblick vermitteln.

Der JIM-Studie 2009 zufolge besteht bereits eine Vollversorgung an Mediengeräten, wenn ein Haushalt mit einem Computer, einem Internetzugang, einem Mobiltelefon und einem Fernsehgerät ausgestattet ist. Knapp 100 % der Haushalte, in denen 12- bis 19-Jährige heute aufwachsen, sind demnach, laut JIM-Studie, voll versorgt. Sie verfügen über einen Fernseher, mindestens einen Computer mit Internetanschluss und mehr als ein Mobiltelefon.[23]

Und die Gerätezahlen zur Mediennutzung pro Haushalt steigen weiterhin stetig an. Nach dem Einzug von Laptops, iPods und MP3-Playern in deutsche Familien haben sich im vergangenen Jahr Spielekonsolen mit Bewegungs- und Lichtsensortechnik, Tablet-PCs und iPads zunehmend im Alltag der Jugendlichen etabliert.[24] Die nachfolgende Tabelle ermöglicht einen Überblick über die Geräte-Ausstattung in deutschen Haushalten im vergangenen Jahr:

---

[22] Fritz, Sting, Vollbrecht, Mediensozialisation 2003, S. 7.
[23] Vgl. JIM 2011, S. 5.
[24] Vgl. Ebd.

**Geräte-Ausstattung im Haushalt 2011 (Auswahl)**

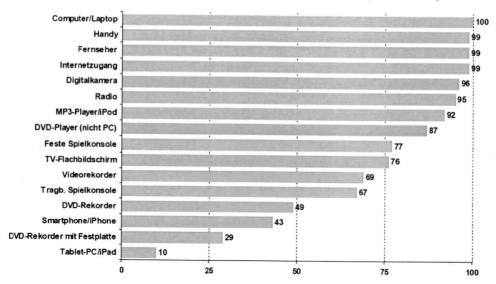

Abbildung 1: Geräte-Ausstattung im Haushalt 2011

Über die Familiengeräte hinaus verfügen die Jugendlichen aber auch über ein beachtliches Repertoire an eigenen Geräten zur Mediennutzung. 79 % von ihnen haben einen eigenen Computer, 52 % einen eigenen Fernseher und 45 % können von ihrem Zimmer aus im Internet surfen.[25]

Ganz offensichtlich spielen die Medien in der wichtigsten Sozialisationsphase der Jugendlichen zunehmend eine bedeutungsvollere Rolle. Oft wird in der Pädagogik bereits von „Medienjugend" oder „Medienkindheit"[26] gesprochen.

Neben den Beziehungen zur Peergroup sind also vor allem neue Kommunikationsmedien wie das Internet in der Adoleszenz besonders wichtig für Jugendliche. Indiz hierfür ist auch die steigende Anzahl von Smartphones. Sie bieten Jugendlichen neben den herkömmlichen Kommunikationsfunktionen die Möglichkeit, beinahe standortunabhängig im Internet zu surfen (2010 besaßen 23 % aller Jugendlichen zwischen 12 und 19 Jahren ein eigenes Smartphone, 2012 sind es bereits 43 %[27]).

Die neuen digitalen Medien stehen in reziproker Beziehung zu den herkömmlichen Sozialisationsinstanzen wie der Familie, der Schule und den Peergroups. Selbst-

---

[25] Vgl. JIM 2011, S. 6.
[26] Fritz, Sting, Vollbrecht, Mediensozialisation 2003, S. 7.
[27] Vgl. JIM 2011, S. 5.

verständlich werden die traditionellen Sozialisationsinstanzen nicht gänzlich von den neuen abgelöst, sie werden jedoch von ihnen ergänzt. Hierbei entsteht ein für Eltern und Lehrer oftmals schwer einseh- und kontrollierbarer Raum.[28]

Der Prozess der Mediensozialisation wird in dieser Hinsicht zunehmend bedeutender, denn die Medien repräsentieren einen „Kulturbereich […], der sich weitgehend außerhalb pädagogischer Einrichtungen etabliert hat".[29]

Gerade im Hinblick auf neue Kommunikationsmedien haben Erwachsene ihren Kindern gegenüber oft keinerlei Wissensvorsprung mehr. Dies macht den Prozess der Mediensozialisation in der Erziehungswissenschaft zunehmend wichtiger.[30] Ein pädagogisches Konzept aufrechtzuerhalten, in dem Medien, Medienpädagogik und Mediensozialisation nur eine Nebenrolle spielen, würde der Wirklichkeit der Digital Natives in keiner Weise entsprechen.[31]

Der Begriff Mediensozialisation wird fälschlicherweise vielmals nur eindimensional definiert. Einig ist man sich in der Medien- und Sozialisationsforschung darüber, dass bei der Mediensozialisation keineswegs von einer einseitigen Wirkungsweise ausgegangen werden kann. Medienhandeln ist ein aktives Handeln, das in der Alltagswelt von Jugendlichen heute fest etabliert und von großer Bedeutung im Kontext von Sozialisation und Identitätsbildung ist. Um jedoch den gesamten Umfang von Mediensozialisation zu berücksichtigen, ist eine weiter reichende Betrachtung notwendig.
Um den aktiven Teil der Mediensozialisation hervorzuheben, wird in der Forschung zwischen Selbstsozialisation und Fremdsozialisation unterschieden.

Mediensozialisation ist dabei nicht als „passiver" Prozess zu verstehen. Dies würde bedeuten, dass sich Jugendliche von Medien völlig unselektiert sozialisieren ließen, ohne eine Möglichkeit zu haben, auf diesen Prozess Einfluss zu nehmen. Dies ist keineswegs der Fall. Denn Mediensozialisation findet sowohl fremd- als auch selbstbestimmt statt. Schließlich ist jede Mediennutzung unweigerlich verbunden mit

---

[28] Vgl. Fritz, Sting, Vollbrecht, Mediensozialisation 2003, S. 7.
[29] Ebd.
[30] Vgl. ebd.
[31] Vgl. ebd., S. 9.

einem von den Jugendlichen „erwarteten Nutzen".[32] Mediensozialisation setzt infolgedessen aktiv handelnde Subjekte voraus, die sich mithilfe von Medien durchaus auch selbst sozialisieren.

Mediensozialisation ist darum nicht nur Sozialisation durch die Rezeption von Medieninhalten (passiv), sondern ebenso Selbstsozialisation durch die bewusste Nutzung von Medieninhalten (aktiv).[33]

Der Aspekt der Selbstsozialisation wird in der Pädagogik jedoch durchaus auch kritisch betrachtet. Konstatiert wird beispielsweise eine Entpädagogisierung des Sozialisationsdiskurses, einhergehend mit der Sorge, dass die Pädagogik an Bedeutung verliere. Ebenso wird die Gefahr einer Ökonomisierung der Pädagogik angeführt, die das Subjekt womöglich dafür verantwortlich macht, sich nicht eigenständig aktiv erfolgreich sozialisiert zu haben.[34] Leider kann hier nicht weiter auf die Kritikpunkte zur Selbstsozialisation durch Medien eingegangen werden.

Ziel der Mediensozialisation ist der Erwerb von Medienkompetenz. Die Begriffsdefinitionen beziehen sich heute meistens auf digitale Medien und gehen von einem Subjekt als Träger von Medienkompetenz aus.[35] Der Begriff der Medienkompetenz ist auf Dieter Baake zurückzuführen. Medienkompetente Personen sind demnach sachgerecht, selbstbestimmt, kreativ und verantwortungsbewusst im Umgang mit Medien. Sie haben Analyse-, Urteils- und Handlungskompetenzen erworben und können angemessen auch mit neuen digitalen Medien umgehen.

Während Jugendliche in der heutigen Zeit von Individualisierung und Pluralisierung zunehmend dem Zwang unterzogen werden, Schöpfer einer einzigartigen Individualbiografie zu sein, bietet ihnen das Medium Internet virtuelle Erfahrungsräume und Rollenvorbilder. Darüber hinaus erfüllt es die von Jugendlichen an ihre Freizeit gestellten Ansprüche ausgezeichnet, was es umso attraktiver macht.[36]

---

[32] Fritz, Sting, Vollbrecht, Mediensozialisation 2003, S. 8.
[33] Vgl. ebd.
[34] Vgl. Tillmann, Identitätsspielraum Internet 2008, S. 80 f.
[35] Vgl. ebd., S. 83.
[36] Vgl. Fritz, Sting, Vollbrecht, Mediensozialisation 2003, S. 23.

Medien sind demnach für Jugendliche identitätsprägend, da sie neben unterhaltenden und informativen Funktionen ebenso Orientierungsmöglichkeiten für Zukunftsvorstellungen, Rollenbilder und Identitätskonstruktionen bieten. Im 5. Kapitel meiner Arbeit werde ich ausführlich darlegen, in welcher Art und Weise das Internet als Identitätsstifter für Jugendliche fungieren kann. Vorab gebe ich jedoch einen Einblick in die Identitätsforschung und erläutere den Begriff Identität und sein Begriffsumfeld.

# 3 Traditionelle und aktuelle Identitätsforschung

Die Thematisierung von Identität hat in den letzten Jahrzehnten sowohl im Alltags-diskurs als auch in den Fachszenen zugenommen.[37] Dennoch ist *Identität* noch immer ein Begriff mit einem vielschichtigen, komplexen semantischen Umfeld. Es fällt schwer, ihn in Worte oder gar in eine allgemeingültige Definition zu fassen. Die Verwendung des Begriffs geht selten mit einer Definition einher, was darauf schließen lässt, dass hier durchaus Klärungsbedarf besteht.

Ist Identität die Antwort auf die Frage „Wer bin ich"? Wodurch definiert sich Identität und wie wird sie konstruiert? [38]

Zur Erläuterung des Begriffs und zur Vorbereitung auf die Thematik jugendlicher Identitätskonstruktionen in sozialen Netzwerken werde ich im Folgenden zuerst einen Einblick in die Identitätsforschung sowie einen allgemeinen Überblick über ältere und neuere Identitätstheorien geben. Im Anschluss folgt eine Darlegung des von E. H. Erikson entworfenen Identitätskonzeptes und die Beantwortung der Frage, ob und inwiefern es auf die Identitätsarbeit Jugendlicher in der heutigen Zeit anwendbar ist. Weiter erfolgt die Untersuchung des Handlungsspielraums Social Network im Hinblick auf seine Relevanz für die Identitätsarbeit Jugendlicher sowie die Illustration der Netzwerkplattform Facebook. Ich differenziere im weiteren Verlauf meiner Arbeit nicht zwischen Identitätsarbeit, Identitätskonstruktion und Identitätsgenese. Zu verstehen ist darunter, je nach Kontext, die Erschaffung von und das Arbeiten an einer „individuellen Identität".[39]

## 3.1 Einführung in die Identitätsforschung

Die Konstruktion von Identität ist, dem aktuellen Stand der Identitätsforschung zufolge, ein lebenslanger Prozess. Konzepte, nach welchen Identität, einmal konstruiert, lebenslange Gültigkeit erfährt, sind überholt und passen nicht mehr in das Bild einer Gesellschaft, die sich durch Individualisierung, Enttraditionalisierung und Globalisierung immer weiter fragmentiert und verändert. Offenbar sind es diese

---

[37] Vgl. Keupp, Identitätsarbeit 1997, S. 7.
[38] Vgl. ebd, S. 7.
[39] Döring, Sozialpsychologie des Internet 2003, S. 332.

rasanten soziokulturellen Veränderungen unserer Gesellschaft, die das Thema Identität und Identitätsarbeit auch aktuell in den Fokus der Forschung rücken.[40]

Man selbst zu sein, sich selbst zu finden, seine Identität zu erschaffen oder mit sich selbst eins zu sein, scheinen momentan höher im Kurs zu stehen als je zuvor. Gibt man bei www.google.de den Begriff *Selbstfindung* ein, so öffnen sich innerhalb von 0,16 Sekunden 841.000 Ergebnisse[41] zu diesem Thema.
Überschrieben sind die meisten Suchergebnisse mit dem Satz „Wer bin ich?".

Wissen die Menschen der Postmoderne nicht mehr, wer sie sind? Und warum scheint es heute eigentlich so wichtig, exakt definieren zu können, wer man ist? Sozial-wissenschaftler erkennen in dieser scheinbar unablässigen Suche nach dem eigenen Selbst die Auswirkungen einer sich radikal verändernden Umwelt. Ina-Maria Greverus beantwortet die Frage nach der Suche der eigenen Identität mit einer Identitätsformel: „Sich Erkennen, Erkannt, Anerkannt werden"[42] und schreibt weiterhin, Identität sei ein Prozess, der nur im Dialog mit anderen funktioniere. „Der Andere erkennt und anerkennt mich als Du und etwas Besonderes."[43]
Die Menschen scheinen auf der Suche nach Anerkennung, Zugehörigkeit und einem Platz in einer pluralistischen Gesellschaft.

Die aktuelle Identitätsforschung diagnostiziert, dass die Suche nach Identität und vor allem nach Anerkennung und Zugehörigkeit für die Menschen unserer Zeit zu einem Dauerthema geworden ist. Während das traditionelle Verständnis von Identität auf Dauerhaftigkeit und Einheit beruht, stellt die neuere Identitätsforschung die Veränderbarkeit und Vielseitigkeit der Identität in den Vordergrund.[44]

Einig ist man sich darin, dass traditionelle Wege und Formen der Identitätsbildung in einer dem Wandel unterworfenen postmodernen Gesellschaft zunehmend verschwin-den. Identität wird heute nicht mehr auf dem herkömmlichen Weg erschaffen,

---

[40] Vgl. Keupp, Identitätsarbeit 1997, S. 7.
[41] www.google.de
[http://www.google.de/#hl=de&gs_nf=1&cp=13&gs_id=bm&xhr=t&q=selbstfindung&pf=p&sclie nt=psyab&oq=selbstfindung&aq=0&aqi=g4&aql=&gs_l=&pbx=1&bav=on.2,or.r_gc.r_pw.r_qf.,cf. osb&fp=166609642ed9b7d1&biw=1280&bih=707] Stand, 04.06.2012.
[42] Greverus, Über die Poesie 2009, S. 241.
[43] Ebd.
[44] Vgl. Döring, Sozialpsychologie des Internet 2003, S. 325.

sondern verlangt dem Menschen eine ganze Menge mehr Selbstbeteiligung ab als noch vor 500 Jahren. Denn kein Identitätskonzept kann losgelöst von seinem kulturellen, entstehungsgeschichtlichen Hintergrund gesehen werden. Sicher scheint, dass die Identitätsforschung in der heutigen Zeit einer Weiterentwicklung bedarf.

Gründe dafür sind in den soziokulturell veränderten Bedingungen zu finden, unter denen Identität heute entsteht. „Identitätsbildung ist prekär geworden"[45], schreibt Heiner Keupp. Aber was macht die Identitätsarbeit heute so prekär? Und warum scheinen vorangegangene Generationen dieses Problem nicht zu kennen?

In der Identitätsforschung geht man davon aus, dass sich Identität seit jeher mithilfe von Vorlagen und anhand vorgegebener Muster kreiert, die sich, je nach Kultur, Gesellschaftsform oder Zeit, voneinander unterscheiden, denen jedoch allen eine Konstruktionskraft zugrunde liegt, die es den Menschen ermöglicht, auf deren Basis individuelle Identität zu entwickeln.[46] Solche „Identitätsanker"[47] fanden Menschen bisher in soziokulturell und traditionell vorgeprägten Lebensformen. Familie, Gesellschaftsschicht, Geschlechterrollen, Religion oder Mythen liefern ihnen seit jeher „Identitätsschablonen"[48], die als Orientierungspunkte für den Entwurf der eigenen Identität fungieren.[49]

Diese traditionellen Orientierungshilfen scheinen den Jugendlichen heute nur noch rudimentär für die Identitätsarbeit zur Verfügung zu stehen. Ulrich Beck spricht von einer „Freisetzung des Menschen aus seinen Traditionen [durch die] Erosion stabiler Verhältnisse, die sich über Generationen gefestigt hatten".[50]

Übereinstimmend kommt die Identitätsforschung gegenwärtig zu dem Schluss, dass der Auslöser für die zu zerfallen scheinenden traditionellen Identitätsvorlagen die durch Individualisierung und Globalisierung geprägte Zeit ist, in der wir leben. Die Postmoderne – eine Risikogesellschaft.

---

[45] Keupp, Identitätsarbeit 1997, S. 7.
[46] Vgl. ebd., S. 16.
[47] Eickelpasch, Rademacher, Identität 2004, S. 6.
[48] Ebd., S. 8.
[49] Vgl. ebd., S. 16.
[50] Ebd., S. 18.

Individualisierung, so Beck in seinem Buch „Risikogesellschaft"[51], bedeutet den Ausstoß des Menschen aus seinem traditionellen, über Jahrhunderte entstandenen Rollenverständnis. Der Mensch hat in der heutigen Zeit eine Überfülle an Wahlmöglichkeiten und Optionen, sein Leben und somit seine Identität zu gestalten.[52] Stabile Verhältnisse, die sich über Generationen hinweg gebildet haben, erodieren und kulturell vorgefertigte Identitätsmuster lösen sich auf. Der Mensch ist heute, vereinfacht gesagt, nicht mehr allein Bauer, Ehemann und Vater, wie noch vor 500 Jahren. Heute ist er darüber hinaus Steuerzahler, Vorsitzender des ansässigen Kulturvereins, Motorradfahrer, Blutspender und Raucher. Auch zu Beginn des 20. Jahrhunderts war es noch ungleich leichter, anhand der wenigen, aber klar definierten Rollenvorgaben eine kohärente Identität zu entwerfen und seinen Platz in Gesellschaft und Familie zu verorten.

Im weiteren Verlauf verwende ich den Begriff der Individualisierung im soziologischen Sinne. Im Hinblick auf das Identitätsmanagement Jugendlicher ist Individualisierung die Aufgabe, die eigene Biografie und Identität selbst zu kreieren. Sie ist sowohl die Chance, aus einer Überfülle an Möglichkeiten frei wählen zu können, als auch „der Zwang zur Selbstverwirklichung [oder] die Forderung, Baumeister seines eigenen Lebens und seiner Identität zu sein".[53]

Die Globalisierung kommt in diesem Prozess auf den ersten Blick anscheinend erschwerend hinzu. Sie eröffnet einen unvorstellbaren Horizont an Wahlmöglichkeiten und verlangt Individualisierungs- und Identitätsarbeit auf einem weitaus größeren Terrain, als es vorangegangenen Generationen abverlangt wurde. Auf den zweiten Blick bietet sie aber auch ein schier unerschöpfliches Potenzial an Optionen zur Selbstverwirklichung.

Der Begriff Globalisierung wird in diesem Zusammenhang nicht aus ökonomischer Sichtweise betrachtet, sondern bezieht sich auf die „Intensivierung weltweiter Beziehungen".[54] Denn gerade die sogenannte kulturelle Globalisierung[55] hat großen Einfluss auf die Identitätsarbeit von Jugendlichen. Besonders moderne Informations-

---

[51] Vgl. Beck, Risikogesellschaft 1986.
[52] Vgl. Eickelpasch, Rademacher, Identität 2004, S. 17.
[53] Ebd., S. 8.
[54] Eickelpasch, Rademacher, Identität 2004, S. 8.
[55] Ebd.

und Kommunikationsmedien wie das Internet unterstützen und beschleunigen den weltweiten Austausch von Bildern, Texten, Musik und Identitätsschablonen rund um den Globus.

Im Folgenden erläutere ich das Stufenmodell der psychosozialen Entwicklung nach Erikson, um einen Einblick in die traditionelle Identitätsforschung zu geben.

## 3.2 Traditionelle Identitätsforschung – das Stufenmodell der psychosozialen Entwicklung nach Erikson

In der Mitte des 20. Jahrhunderts entwickelt Erik Homburger Erikson ein Identitätskonzept, welches im Unterschied zu den bisherigen entwicklungspsychologischen Konzepten seiner Zeit, zum Beispiel dem Sigmund Freuds, nicht der frühen Kindheit, sondern der Adoleszenz eine bedeutende Rolle in der Identitätsgenese zuspricht.

Erikson definiert Identität als die „unmittelbare Wahrnehmung der eigenen Gleichheit und Kontinuität in der Zeit und die damit verbundene Wahrnehmung, dass auch andere diese Kontinuität erkennen".[56] Er beschreibt Identität als das bewusste Erleben eines konstanten Ich-Gefühls, einhergehend mit dem Bewusstsein, auch von anderen als konstantes Ich wahrgenommen zu werden.

Der Psychoanalytiker bezeichnet die Identitätsentwicklung als eine psychosoziale Entwicklung, bei der die permanente Wechselwirkung zwischen Individuum und Gesellschaft im Mittelpunkt steht.[57] Ferner formuliert Erikson, dass Jugendliche während des Prozesses der Identitätsbildung Kindheitserfahrungen und Identifikationsmuster aufarbeiten, rekonstruieren und wieder in ihre gegenwärtige Lebenswelt integrieren, um eine einheitliche und kontinuierliche Identität erschaffen und diese ein Leben lang aufrechterhalten zu können.[58]

Ist nun aber eine beständige und konsistente Identität in einer sich permanent verändernden Umwelt überhaupt wünschenswert? Kann man die Vorstellungen von

---

[56] Keupp, Identitätsarbeit 1997, S. 120.
[57] Vgl. Keupp, Identitätsarbeit 1997, S. 121.
[58] Vgl. ebd. S. 66.

Erikson in eine Zeit übertragen, in der sich die Bedingungen, unter denen sich Identität bildet, so sehr verändert haben? Diese Fragen sollen im Folgenden Beantwortung finden. Vorab soll das von Erik H. Erikson entwickelte Stufenmodell der psychosozialen Entwicklung[59] beschrieben werden.

| | 1 | 2 | 3 | 4 | 5 | 6 | 7 | 8 |
|---|---|---|---|---|---|---|---|---|
| **I. Säuglingsalter** | Urvertrauen / Mißtrauen | | | | Unipolarität / Vorzeitige Selbstdifferenzierung | | | |
| **II. Kleinkindalter** | | Autonomie / Scham und Zweifel | | | Bipolarität / Autismus | | | |
| **III. Spielalter** | | | Initiative / Schuldgefühle | | Spiel-Identifikation / (ödipale) Phantasie Identitäten | | | |
| **IV. Schulalter** | | | | Werksinn / Minderwertigkeits-... | Arbeitsidentifikation / Identitätssperre | | | |
| **V. Adoleszenz** | Zeitperspektive / Zeitdiffusion | Selbstgewissheit / Peinliche Identitätsbewußtheit | Experimentieren mit Rollen / negative Identitätswahl | Zutrauen zur eigenen Leistung / Arbeitslähmung | Identität / Identitätsdiffusion | Sexuelle Identität / Bisexuelle Diffusion | Führungspolarisierung / Autoritätsdiffusion | Ideologische Polarisierung / Diffusion der Ideale |
| **VI. Frühes Erwachsenenalter** | | | | | Solidarität / Soziale Isolierung | Intimität / Isolierung | | |
| **VII. Erwachsenenalter** | | | | | | | Generativität / Selbstabsorption | |
| **VIII. Reifes Erwachsenenalter** | | | | | | | | Integrität / Lebensekel |

**Abbildung 2: Entwicklungsmodell nach Erikson**

Das von Erikson entwickelte Stufenmodell der psychosozialen Entwicklung zeigt, dass die verschiedenen Stadien der menschlichen Entwicklung, unter ihnen auch die Identitätsentwicklung, ein Leben lang präsent bleiben, wobei sie nur jeweils in bestimmten Altersphasen für den Menschen von besonderer Bedeutung sind.[60]

Diese lebenslange Entwicklung und der Durchlauf verschiedener Entwicklungsstufen erfolgt krisenhaft. In jeder Phase der Entwicklung verschärft sich eine Thematik der menschlichen Entwicklung zu einer potenziellen Krise, in welcher der Mensch zwischen den beiden thematischen Polen der Krise schwankt und sich für einen entscheiden muss (siehe Abbildung 2). Ausgelöst wird jede Krise durch die Erwartungen der sozialen Umwelt und gelöst wird sie erst, indem sich der Mensch aktiv für einen der beiden Pole entscheidet. Nur durch die eigene Verarbeitung und

---

[59] Vgl. Erikson, Identität und Lebenszyklus 1966.
[60] Vgl. Keupp, Identitätsarbeit 1997, S. 121.

damit Lösung der jeweiligen Krise kann die Entwicklungsphase abgeschlossen werden.[61]

Das Bewältigen vorangegangener Krisen erleichtert dabei das Bestehen der noch bevorstehenden Phasen durch den Erwerb phasenspezifischer Fertigkeiten. Nach einer erfolgreich gelösten Krise erwirbt der Mensch Kompetenzen, die es ihm ermöglichen, Lösungen für die alltäglichen Aufgaben des Lebens zu finden.[62]

Wie in Abb. 2 zu sehen ist, zeigt Erikson neben den zu erwerbenden Kompetenzen auch die Fehlhaltungen auf, die durch ungelöste Krisen entstehen können.[63] Wichtig ist dabei, dass jede errungene Kompetenz lebenslang durch ihre negative Alternative, ihr dynamisches Gegenstück[64], beeinflusst und verändert werden kann.

Im Hinblick auf die Identitätsarbeit Jugendlicher ist die Adoleszenz in Eriksons Stufenmodell besonders relevant. Auch dort stellt die Identitätsbildung eine zentrale Entwicklungsaufgabe dar. Gemäß dem Modell vollzieht auch sie sich krisenhaft. Eriksons dynamisches Gegenstück zur Identitätsbildung ist die Identitätsdiffusion. Diese kann sich, so Erikson, auf zweierlei Weise äußern. Zum Ersten können Standardisierungen und die permanente Vorgabe gesellschaftlich gewünschter Rollenbilder dazu führen, dass sich Jugendliche nicht identifizieren können bzw. es auch nicht wollen. Die Folge ist die Flucht vor jeglichen Identitätsangeboten, die in einer misslungenen Identitätskonstruktion endet. Zum Zweiten kann sich, so Erikson weiter, Identitätsdiffusion in einer Überidentifikation mit Rollenvorbildern äußern. Durch sie kann Intoleranz gegenüber anderen Identifikationsmustern entstehen und es kann zu Simplifikationen und starken Vorurteilen kommen.[65]

Bezogen auf die heutige Realität ist Eriksons Stufenmodell der psychosozialen Entwicklung jedoch durchaus kritisch zu betrachten.
Vor allem im Hinblick auf die hier besonders relevante fünfte Entwicklungsphase scheinen die Überlegungen Eriksons kaum auf die Gegenwart übertragbar zu sein.
Denn die Adoleszenz unterscheidet sich in der Form von den anderen sieben Phasen, als dass dort keine bestimmte Kompetenz erworben werden kann, sondern die

---

[61] Vgl. Keupp, Identitätsarbeit 1997, S. 121.
[62] Vgl. ebd., S. 68.
[63] Vgl. ebd., S. 70.
[64] Vgl. ebd.
[65] Vgl. ebd., S. 76.

Antwort auf die Frage „Wer bin ich?" gefunden werden muss. Das kritisiert auch Lothar Krappmann.[66] Er weist darauf hin, dass nach Erikson in der Jugendphase anstelle einer Kompetenz, die errungen werden kann, plötzlich eine Festlegung erfolgen muss.[67] Krappmann schreibt weiter, dass Erikson mit seiner Beschreibung von einheitlicher und kontinuierlicher Identität ein fast statisches und angepasstes Identitätsbild beschreibt, das sich in erster Linie vor dem Zerfall durch Diffusion zu schützen hat. Die größte Bedrohung der „erfolgreichen" Identitätsbildung sieht Erikson darin, dass die im Laufe der Entwicklungsphasen erworbenen Identitäts-Bruchstücke kein von der sozialen Umwelt anerkanntes Ganzes bilden, sondern letztlich unverbunden bleiben.[68] Diese Gefahr entsteht, wenn Jugendliche die sozialen Angebote ihres Umfeldes nicht nutzen. Er betont die von Jugendlichen zu leistende Integration in die Gesellschaft. Die Antwort auf die Frage „Wer bin ich?" ist für ihn eine soziale Definition, die den Jugendlichen einen Platz innerhalb des sozialen Gefüges verspricht.[69]

Bei allen seinen Vorstellungen von sozialer Integration und der Abwendung der Gefahr des Identitätszerfalls durch Diffusion bleibt jedoch von Erikson unbeachtet, dass Jugendliche sich vor diesem Hintergrund „möglicherweise [auch in] sehr inhumane Gegebenheiten einzufügen"[70] haben. Es scheint, so auch Krappmann, als sähe Erikson nur in der sozial angepassten Identität eine Idealform, die äußeren und inneren Widrigkeiten trotzt. Womöglich, so vermutet er weiter, wurzelt Eriksons Sichtweise auf gelungene Identitätsbildung als anpassungs- und integrationsfähige (Gruppen-)Identität in seinen eigenen historisch-politischen Erfahrungen.[71]

Dass aber historische, politische und kulturelle Umstände, unter denen eine Gesellschaft existiert, veränderbar sind und eine Anpassung und totale Integration in jedwede Gesellschaftsform oftmalig nicht wünschenswert sind, berücksichtigt Erikson in seinem Entwicklungsmodell nicht.

---

[66] Vgl. Keupp, Identitätsarbeit 1997, S. 77.
[67] Vgl. ebd.
[68] Vgl. ebd., S. 76
[69] Vgl. ebd., S. 77.
[70] Ebd.
[71] Vgl. ebd., S. 78.

Grundsätzlich wird in der aktuellen Identitätsforschung nicht mehr davon ausgegangen, dass in der Jugendphase der Grundstein für das Ge- oder Misslingen von Identitätsbildung gelegt wird. Die Vorstellung, ein gleichbleibender, harmonischer Ich-Zustand könne erreicht und ein Leben lang konstant gehalten werden, ist längst überholt („unitäres Identitäts-Modell"[72]). „[…]die Vorstellung von einem stabilen, widerspruchsfreien und überdauernden Ich, das sich zeitlebens an einem Lebensentwurf orientiert", ist heute veraltet, so auch Angela Tillmann.[73] Es bleiben schlichtweg zu viele Fragen offen und zu viele Aspekte werden nicht berücksichtigt.

Ebenfalls wissen wir heute, dass das Konstrukt Identität und die damit einhergehende Identitätsarbeit unmöglich losgelöst von ihren historisch-gesellschaftlichen Rahmenbedingungen betrachtet werden kann. Jugendliche sind im Hinblick auf ihre Entwicklungsaufgaben in strukturellen und kulturellen Rahmen ihrer Zeit und den darin befindlichen Anforderungen und Möglichkeiten gebunden. Identität, so auch Wolfgang Kraus, ist ein Entwicklungsprozess, der eng mit der individuellen historischen Situation des Subjekts verflochten ist. Kraus geht sogar noch einen Schritt weiter mit der Behauptung, Identität würde überhaupt erst zur Aufgabe des Subjekts *in* einer spezifischen gesellschaftlichen Epoche.[74]

Heute wachsen Jugendliche in einer individualisierten Gesellschaft auf. Die Globalisierung verdrängt traditionelle Sozialformen und Sicherheiten. Prekäre Arbeitsverhältnisse schaffen biografische Unsicherheiten und die Lebensphase Jugend entgrenzt sich zusehends.[75] Bezug nehmend auf Erikson und vor dem Hintergrund der soziologischen Gegenwartsdiagnose, der Individualisierung und der Globalisierung entfernt sich die Forschung heute von normativen unitären Konzepten und konzentriert sich auf „multiple Identitäts-Modelle"[76], die Identitätsarbeit unter individuellen, soziologisch und kulturell gegebenen Bedingungen einbeziehen.

Zusammenfassend kann festgehalten werden, dass Modelle, in denen Identität als permanent kohärentes Ich konstruiert wird, dessen Hauptaufgabe die anerkannte soziale Integration ist, heute nicht mehr dem Stand der Forschung entsprechen.

---

[72] Döring, Sozialpsychologie des Internet 2003, S. 326.
[73] Vgl. Tillmann, Identitätsspielraum Internet 2008, S. 63.
[74] Vgl. ebd.
[75] Vgl. ebd., S. 61 f.
[76] Döring, Sozialpsychologie des Internet 2003, S. 326.

Das nächste Kapitel gibt Einblick in die neue Identitätsforschung und erläutert exemplarisch für aktuelle Identitätstheorien das Patchwork-Modell Heiner Keupps.

## 3.3    Aktuelle Identitätsforschung – das Patchwork-Modell nach Heiner Keupp

Identität wird heute als komplexe Struktur verstanden, die aus vielen einzelnen Elementen besteht, die je nach Situation aktiviert oder deaktiviert werden, schreibt Nicola Döring. Während Erikson noch davon ausgeht, dass der Übergang in das Erwachsenenalter erst nach erfolgreichem Abschluss der jugendspezifischen Entwicklungsaufgaben möglich ist, weiß man heute, dass sich Jugendliche mit mehreren Entwicklungsaufgaben gleichzeitig auseinandersetzen müssen. Dies macht ein chronologisches Abarbeiten der Entwicklungsaufgaben und somit auch den klar strukturierten Übergang von Jugend in das Erwachsenenalter unmöglich.[77]

Oft ist heute von Teil-Identitäten die Rede. Der Mensch hat aus dieser Sichtweise eine Vielzahl von rollen-, gruppen- oder tätigkeitsbezogenen Identitäten, die kein kohärentes und konsistentes Ganzes mehr bilden, sondern einen in ständiger Entwicklung befindlichen Prozess darstellen (multiples Identitäts-Modell). Das einheitliche unitäre Identitätsmodell wird in der aktuellen Forschung durch das multiple Identitäts-Modell abgelöst.[78] Multiple Identitäten tragen dazu bei, sich in den multiplen sozialen Kontexten der Gegenwart adäquat zu bewegen. „Die Möglichkeit, in einer Vielzahl unterschiedlicher sozialer Kontexte zu kommunizieren, begünstigt die Entwicklung einer komplexen und flexiblen Identität […]"[79], schreibt Döring.

Als lebenslange Entwicklung von Teil-Identitäten in einem metaphorischen Patchwork begreift Heiner Keupp die Identitätsarbeit der Gegenwart. Sein postmodernes Identitäts-Modell werde ich im Folgenden näher erläutern.

---

[77] Vgl. Tillmann, Identitätsspielraum Internet 2008, S. 33.
[78] Vgl. Döring, Sozialpsychologie des Internet 2003, S. 325 ff.
[79] Ebd.

Soziokulturell veränderte Bedingungen der Identitätsarbeit bedürfen einer weiterentwickelten Form des Identitätsdiskurses, da ist sich die neuere Identitätsforschung einig. Ebenso darin, dass die veränderten gesellschaftlichen Bedingungen die Identitätsbildung zunehmend erschweren. Das Postulat von Einmaligkeit und fortdauernder Authentizität wird eindringlich kritisiert. Metaphern, die Identitäten als Flickenteppiche, Collagen und Bastelmentalitäten beschreiben, prägen heute den Identitätsbegriff.

Jugendliche empfinden die Alltagswelt zunehmend als widersprüchlich und segmentiert. In der gegenwärtigen Identitätsarbeit wird eine Haltung vorausgesetzt, die es erlaubt, Widersprüchliches und Verwirrendes hinnehmen und nebeneinander stehen lassen zu können, um aus dem vermeintlichen Chaos Identität zu schöpfen.[80] Flexibilität im Umgang mit verschiedenen Situationen ist ebenso gefragt wie kreative und schöpferische Gestaltungsleistung in Bezug auf die eigene Biografie und Identität.

Peter Gross bezeichnet diese Gegebenheiten als „postmodernen Schwebezustand"[81], in welchem der Mensch jedoch durchaus als kreativer Produzent zu verstehen ist, dem es gelingt, aus den Versatzstücken, die ihm seine Umwelt präsentiert, eine für ihn zufriedenstellende, lebbare Identität zu formen. Die Komponente des kreativen Produzenten greift auch Heiner Keupp für sein Modell der Identitätsentwicklung auf. Er prägt den metaphorischen Begriff der *Patchwork-Identität*.[82]

Keupp geht davon aus, dass Identitätsbildung ein Prozessgeschehen ist, bei dem unterschiedliche, facettenreiche, oft mehrdeutige und ebenso widersprüchliche Erfahrungen zu einem Zusammenhang verknüpft werden müssen.[83] In diesem Zusammenhang versteht man unter Identitätsarbeit, dass Menschen im Zuge der Identitätskonstruktion aus individuellen Erfahrungen und Erlebtem verschiedene Komponenten fertigen, die sie wie in einem Flickwerk, dem Patchwork, neu zusammensetzen. Diese Komponenten können Erzählungen oder Teil-Identitäten sein wie z. B. die Familie, die Gesundheit, der Beruf oder ein Hobby.

---

[80] Vgl. Keupp, Identitätsarbeit 1997, S. 16.
[81] Ebd., S. 17.
[82] Keupp, Identitätsarbeit 1997, S. 16.
[83] Vgl. Tillmann, Identitätsspielraum Internet 2008, S. 72.

Heiner Keupp und seine Mitautoren gehen davon aus, dass der Jugendliche, den ich im weiteren Verlauf dieser Ausführung aus Gründen der Vereinfachung „Subjekt" nenne, zur Bildung einer Patchwork-Identität vielseitige Koordinationsleistungen vollbringen muss. Erfahrungen müssen unter verschiedenen Gesichtspunkten realisiert, verortet und miteinander verknüpft werden.

Das Subjekt muss gemachte Erfahrungen sowohl für sich einschätzen und verorten als auch darüber hinaus sich und seine Erlebnisse in einen Aushandlungsprozess mit seiner gesellschaftlichen Umwelt stellen. Keupp beschreibt Identitätsarbeit in diesem Zusammenhang sowohl als retrospektivreflexiv als auch als prospektivreflexiv.[84]

Als retrospektivreflexiv beschreibt er die Erfahrungen, die das Subjekt in Bezug auf das eigene Selbst macht. Es handelt sich um einen Reflexionsprozess auf bereits geschehene Erlebnisse, der rückgerichtet und stark kulturell geprägt ist. Als prospektivreflexiv bezeichnet Keupp den Aspekt der Identitätsarbeit, der zukunftsgerichtet ist. Im Vordergrund stehen hier nicht bereits gemachte Erfahrungen, sondern optionale Identitätsentwürfe wie Träume, Vorstellungen oder Wünsche. Das Spannungsverhältnis zwischen den bereits gemachten Erfahrungen und den Zukunftsvorstellungen ist, so Keupp, die „Quelle der Dynamik des Identitätsprozess[es]".[85]

Die Voraussetzungen für die Gestaltung dieses Prozesses sind jedoch keineswegs universell. Sie sind eng mit den Ressourcen verknüpft, die dem Subjekt für die Identitätsarbeit zur Verfügung stehen. Bezug nehmend auf Pierre Bourdieu bezeichnet Keupp ökonomisches, soziales und kulturelles Kapital als Voraussetzung für eine gelingende Identitätskonstruktion.

Im Wesentlichen, so Keupp, wird Identität mit dem Mittel der Selbstnarration erreicht, er nimmt hier Bezug auf Wolfgang Kraus.[86] Ausgehend von Identität als einem lebenslangen Projekt konzipiert Kraus das Modell der narrativen Konstruktion von Identität, das Keupp in sein Konzept der Patchwork-Identität einfließen lässt. Der Begriff der *Selbstnarration* entstammt der narrativen Psychologie. Diese betrachtet den Menschen als einen Geschichtenerzähler, der sich in seinen Erzählun-

---

[84] Vgl. Tillmann, Identitätsspielraum Internet 2008, S. 72.
[85] Vgl. ebd.
[86] Vgl. ebd., S. 73.

gen selbst immer wieder neu entwirft. Die Autoren dieser Selbsterzählungen sind jedoch nicht die Subjekte selbst, sondern die Umwelt, die sie prägt. Diese gibt kulturelle Schablonen vor, die das Subjekt als Vorlage für eigene Narrationen nutzt, so entstehen Raum und Rahmen für Selbsterzählungen.

Das Subjekt kann seine erlebten Erfahrungen in einen Zusammenhang mit seiner Umwelt setzen und sich in dieser verorten. Es kann sich zusätzlich aufgrund seiner Vorstellungskraft in die Zukunft hineinprojizieren und sich beispielsweise vorstellen, wo es sich zu einem späteren Zeitpunkt innerhalb der ihm bekannten gesellschaftlichen Umstände verorten könnte. Durch Selbstnarration werden die verschiedenen Identitätsvorstellungen, die das Subjekt von sich selbst in seiner Umwelt entwirft, zu Bezugspunkten, zu denen es sich immer wieder neu positioniert und über die es mit anderen verhandelt. Damit wird Identität zu jedem Zeitpunkt erschaffen, verändert und wieder neu erschaffen.[87] Eine andauernde Identitätsarbeit fordert aber auch, nicht nur die eigenen Erfahrungen, sondern ebenso einzelne Teil-Identitäten immer wieder neu aufeinander zu beziehen, sie zu aktivieren oder zu deaktivieren.[88]

Das Modell der sich verändernden Teil-Identitäten bedeutet allerdings nicht, das erläutert Döring in diesem Zusammenhang, dass Kohärenz und Kontinuität im Sinne des unitären Identitätsbegriffs komplett ausgeschlossen werden.[89]

Teil-Identitäten, so Döring, lassen sich in der Form konfigurieren, dass „Identitäts-Kerne" entstehen, die durchaus eine kohärente und kontinuierliche Identitätsbasis schaffen können.[90] Hierbei nennt sie drei Methoden:

1) Die **biografische Narration**. Die Erzählung der eigenen Lebensgeschichte erschafft eine kohärente Selbstkonstruktion, die die verschiedenen Teil-Identitäten einschließt und somit eine konstante Basis bildet.

2) Die **Konzentration auf wenige Teil-Identitäten**. Konzentriert sich der Mensch innerhalb bestimmter Lebensphasen nur auf wenige ausschlaggebende Teil-Identitäten, so wirkt das „komplexitätsreduzierend" und vereinheitlichend.

---

[87] Vgl. Tillmann, Identitätsspielraum Internet 2008, S. 73.
[88] Vgl. Döring, Sozialpsychologie des Internet 2003, S. 330.
[89] Vgl. ebd., S. 329.
[90] Vgl. ebd., S. 330.

3) **Übergeordnete Ziele der Identitätsarbeit**. Rückt der Mensch verschiedene Erfahrungen (z. B. Zugehörigkeit und Anerkennung oder Selbstwertschätzung und Selbstachtung) jeweils einzeln ins Zentrum seines Selbstverständnisses, kann er seine Teil-Identitäten immer wieder zusammenführen und aus den unterschiedlichen Sichtweisen akzentuieren.[91]

Die übergeordneten Ziele schaffen so ebenfalls eine konstante Basis, auf die aus unterschiedlichen Blickwinkeln Bezug genommen werden kann.

Auch wenn sich die unitäre, von einer einheitlichen und gleichbleibenden Identität ausgehenden Theorie, die den traditionellen Identitäts-Modellen zugrunde liegt, nicht ohne Weiteres auf die Gegenwart übertragen lässt, so ist sie dennoch durchaus eine Komponente, die auch in den postmodernen Identitäts-Modellen ihre Berechtigung findet. Man kann also nicht von einer grundsätzlichen Ungültigkeit der traditionellen Identitätskonzepte ausgehen, sondern sollte vielmehr von einer Anpassung der älteren Konzepte an die gegenwärtigen Strukturen durch Abwandlung und Erweiterung sprechen.

Grundsätzlich kann festgehalten werden, dass die neuere empirische Identitätsforschung Identität als einen lebenslang fortschreitenden Prozess der Entwicklung und der Konstruktion definiert. Die Frage „Was ist Identität?" verliert folglich im aktuellen Bezug immer mehr an Bedeutung. Aufgrund der Tatsache, dass Identität heute als dauerhafte Konstruktionsleistung betrachtet wird, steht die Frage „Wie wird Identität hergestellt?" nunmehr im Fokus der Forschung.

Identitätsprozesse erfordern ökonomische, soziale und ebenso kulturelle Ressourcen. Sie verlangen Verknüpfungs- und Narrationsarbeit. Die Subjekte müssen all jene Komponenten ausbalancieren und in Einklang bringen. Sie bedienen sich in der Identitätsarbeit der Selbsterzählungen, welche sich sowohl an die Subjekte selbst als auch die sie umgebenden Personen richten, die nicht minder darum bemüht sind, Identität zu kreieren. Beide bemühen sich um soziale Anerkennung und um Zugehörigkeit, was die Identitätsarbeit zu einer öffentlichen Angelegenheit macht.[92]

In dieser kontinuierlichen Konstruktionsleistung werden (Teil-)Identitäten erschaffen, wieder verändert und optionale Identitäten entworfen. Der Begriff

---

[91] Vgl. ebd.
[92] Vgl. Tillmann, Identitätsspielraum Internet 2008, S. 75.

Identität*sarbeit* impliziert, so Döring, einen Handlungsbegriff, der eine bewusste Zielorientierung ebenso voraussetzt wie Erfolgskriterien. Gelingende Identitätsarbeit, so Döring weiter, ist daran zu erkennen, dass das Subjekt innerhalb seiner Teil-Identitäten ein realistisches Selbstkonzept, ein positives Selbstwertgefühl und eine sichere Selbstwirksamkeit erreicht.[93]

„Bühne, Werkzeug und Quelle"[94] für die Identitätsarbeit der Jugendlichen unserer Zeit sind die Medien.

Auf die wachsende Bedeutsamkeit von Medien im Allgemeinen und deren zunehmende Bedeutung im Sozialisationsprozess von Jugendlichen im Besonderen bin ich in den vorangegangenen Kapiteln bereits eingegangen. Im folgenden Kapitel der Arbeit wird die Rolle jugendnaher sozialer Netzwerke in der Identitätsarbeit Jugendlicher erläutert und die theoretischen Ausführungen zu diesem Abschnitt werden anhand der sozialen Netzwerkplattform Facebook illustriert.

---

[93] Vgl. Döring, Sozialpsychologie des Internet 2003, S. 330.
[94] Tillmann, Identitätsspielraum Internet 2008, S. 77.

# 4 Soziale Netzwerke

Neue Kommunikationsmedien sind Hilfsmittel in der Identitätskonstruktion. Vor allem das Internet bietet Jugendlichen eine Vielzahl identitätsbildende Aktivitäten.

Die Selbstdarstellung spielt in diesem Prozess eine wichtige Rolle. Der Begriff der *Selbstdarstellung* wird im Alltagsverständnis oft als negativ wahrgenommen, da man ihn häufig mit Täuschung, Heuchelei oder Angeberei in Verbindung setzt. In der Sozialpsychologie wird der Begriff jedoch wertneutral verwendet.[95]

Bereits 1999 schreibt Sherry Turkle, dass sich die Identitätsarbeit in Zeiten des Internets deutlich verändert habe. Sie erkennt das World Wide Web als Plattform für eine neue Art der Identitätsarbeit, bei der man nicht mehr an Körperlichkeit, Ethnie oder Kultur gebunden zu sein scheint. Ihre Idee basiert auf der Vorstellung, man könne sich immer wieder neu erfinden und online präsentieren, da einen nichts an das bindet, was man in der Realität ist. In Zeiten von sozialen Netzwerken, in denen sich jeder über ein mehr oder minder ausführliches Profil, meist einer Teilöffentlichkeit, präsentiert, zeigt sich jedoch, dass sich Turkles Vorstellung einer frei wählbaren Identität nicht bewahrheitet hat. Darauf werde ich in Kapitel 5 meiner Arbeit näher eingehen.

Mit der rasanten Ausdehnung des Internets haben sich auch dessen Funktionen weiterentwickelt. Das Internet, wie wir es heute kennen, hat nur noch wenige Gemeinsamkeiten mit dem Internet vor 20 Jahren. Während in den Anfängen das WWW nur wenigen Nutzern für die Verarbeitung wissenschaftlicher Daten zur Verfügung stand, war die Mehrheit der stetig steigenden Nutzerzahlen in den folgenden Jahren bis heute mehr Konsumenten als Produzenten. Heute ist das Internet ein MitmachNet und seine Nutzer sind Prosumenten.[96]

Das Internet dient gegenwärtig der Veröffentlichung von Daten ebenso wie ihrer Rezeption. Unzählige Plattformen bieten einer großen Benutzergemeinde eine Vielzahl an Möglichkeiten, Texte, Bilder, Musik und Videos selbstständig online zu

---

[95] Vgl. Döring, Sozialpsychologie des Internet 2003, S. 334 f.

[96] Vgl. Szenesprachen-Wiki: *Prosument* ist die Zusammensetzung der Begriffe *Pro*duzent und Kon*sument*. Es handelt sich um Personen, die gleichzeitig Konsumenten (Verbraucher) und Produzenten (Hersteller) des von ihnen Verwendeten sind. [http://szenesprachenwiki.de/definition/prosumer/], Stand: 06.08.2012.

stellen. Das Internet gewinnt im Laufe der Zeit neben seinem informierenden auch einen kommunikativen Charakter. Chatten, Mailen und Telefonieren machen das Netz zu einem multifunktionalen Web 2.0.[97] Der Begriff des *Web 2.0* etikettiert somit eine neue Generation des Internets. Er wird jedoch zunehmend durch den Begriff „Social Media"[98] abgelöst. Grund dafür ist der Kern und Motor des Web 2.0, die sozialen Netzwerke.

Im März des Jahres 2009 gibt das Marktforschungsinstitut Nielsen bekannt, dass die Zeit, welche die Internetnutzer und Nutzerinnen auf der ganzen Welt in sozialen Netzwerken verbrachten, erstmalig länger war als die Zeit, die sie für das Schreiben von E-Mails aufgewendet hatten. Die Zeit, die die Menschen innerhalb des Jahres 2008 auf Facebook verbrachten, war beispielsweise um 566 % gestiegen, auf insgesamt 20,5 Milliarden Minuten.[99] Das Zeitalter des Social Web war geboren.

65 % der Jugendlichen in Deutschland nutzen heute täglich das Internet, wobei sie im Durchschnitt 134 Minuten online verbringen. Diese Zeit ist mittlerweile deutlich höher als die tägliche Fernsehnutzung mit nur 113 Minuten.[100] Während der Online-Zeit steht Kommunikation für die Jugendlichen an erster Stelle. Die Nutzung von Communities, Chats oder E-Mails nimmt 44 % ihrer Online-Zeit in Anspruch.[101]

Die am häufigsten gewählte Kommunikationsform sind Online-Communities wie schülerVZ, studiVZ oder Facebook. 84 % der 18- bis 19-Jährigen geben an, täglich auf einer dieser Plattformen aktiv zu sein.[102]

---

[97] Vgl. Projektbüro „Schau Hin!", Kindgerechter Umgang mit sozialen Netzwerken. [http://schau-hin.info/fileadmin/content/pdf/downloadcenter/SozialeNetzwerke/index.html#/1], Stand: 07.08.2012.
[98] www.wikipedia.org [http://de.wikipedia.org/wiki/Social_Media], Stand: 05.07.2012.
[99] Vgl. Kirkpatrick, Facebook-Effekt 2011, S. 301 f.
[100] Vgl. JIM 2011, S. 31.
[101] Vgl. ebd., S. 32.
[102] Vgl. ebd., S. 34.

GESCHLECHTS- UND ALTERSVERTEILUNG

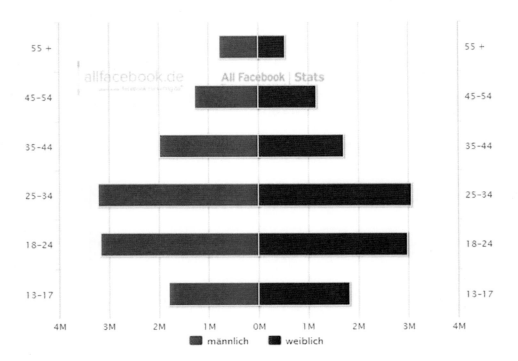

**Abbildung 3: Geschlechts- und Altersverteilung auf Facebook im April 2012**

Wie in Abbildung 3 zu sehen ist, kann der Internet- und mittlerweile auch Börsengigant Facebook alleine in Deutschland im April dieses Jahres 23,2 Millionen aktive[103] Nutzer verzeichnen, wobei die Geschlechterverteilung homogen ausfällt und der größte Prozentanteil der Nutzer deutlich bei den 18- bis 34-Jährigen liegt.[104]

Obwohl die Zuwachszahlen der sozialen Netzwerke im letzten Jahr gesunken sind, steigt die Nutzung derer, die bereits Mitglied sind, im Jahr 2011 auf ein Rekordniveau an.[105] Jugendliche zwischen 12 und 19 Jahren sind im Durchschnitt bei 1,4 Online-Communities angemeldet. Spitzenreiter und derzeit größter Anbieter ist die omnipräsente Netzwerkplattform Facebook.

Was macht soziale Netzwerke für Jugendliche so attraktiv?
Im folgenden Kapitel soll dargestellt werden, warum und in welcher Form Jugendliche soziale Netzwerke nutzen und welche Bedeutung diese für ihre Identitätsarbeit

---

[103] Vgl. Allfacebook.de, Als *aktiver Nutzer* werden in diesem Zusammenhang Facebook-Mitglieder bezeichnet, die innerhalb der letzten 30 Tage auf www.facebook.de online waren.
[104] Vgl. Allfacebook.de, Nutzerzahlen.
    [http://www.allfacebook.de/userdata/deutschland?period=1month], Stand: 05.07.2012.
[105] Vgl. JIM 2011, S. 47.

haben. Ich unterscheide nachfolgend nicht zwischen digitaler, virtueller oder Online-Identität. Die Offline-Identität, welche jenseits des Computers existiert, bezeichne ich im weiteren Verlauf als reale Identität. Real ist in diesem Zusammenhang nicht als Antonym von fiktiv zu verstehen, sondern von virtuell.

# 5 Chancen virtueller Identitätskonstruktionen von Jugendlichen in sozialen Netzwerken

Welche Identitäten Jugendliche entwickeln, wie sie diese darstellen und wie ihre Identität von anderen wahrgenommen wird, steht in engem Zusammenhang damit, in welcher (medialen) Umgebung und auf welche Art und Weise sie mit anderen Menschen in Verbindung treten.[106]

Digital Natives verbringen einen großen Teil ihrer Freizeit in der Online-Welt, wobei Smartphones eine nahezu konstante Erreichbarkeit des Internets zunehmend ermöglichen. Sie unterscheiden nicht mehr zwischen Online- und Offline-Welt. „Anstatt ihre digitale und ihre reale Identität als zwei separate Erscheinungen zu betrachten, verfügen sie lediglich über eine einzige Identität, die in zwei, drei oder mehr Umgebungen vertreten ist"[107], postulieren John Palfrey und Urs Gasser. Damit widerlegen sie Turkles Diagnose aus dem Jahr 1999, Jugendliche nutzten das Internet zukünftig, um neue ausgefallene Identitäten zu kreieren, die unabhängig von und divergent zu ihren realen Identitäten im Netz existieren.

Ein anderer Aspekt Turkles hat sich jedoch durchaus bewahrheitet: „Das Internet ist zu einem wichtigen Soziallabor für Experimente mit jenen Ich-Konstruktionen und – Rekonstruktionen geworden, die für das postmoderne Leben charakteristisch sind."[108] Jugendliche unserer Zeit besitzen eine Hybridexistenz, bei der On- und Offline-Lebenswelt nicht mehr voneinander getrennt werden. Die verschiedenen Möglichkeiten zu Selbstdarstellungen im Internet sind sowohl dienst- als auch anwendungsspezifisch, denn jeder Dienst stellt dem Nutzer zur Selbstdarstellung unterschiedliche „Selbstdarstellungs-Requisiten"[109] zur Verfügung. Ich beziehe mich nachfolgend auf die Dienste des Anbieters Facebook, die in Kapitel 5.1 eine nähere Erläuterung erfahren.

Soziale Netzwerke wie Facebook schaffen Räume, die es den Digital Natives ermöglichen, miteinander in Verbindung zu treten.[110] Sie fördern und fordern geradezu den Hauptfaktor für deren Nutzung – die Kommunikation.

---

[106] Vgl. Döring, Sozialpsychologie des Internet 2003, S. 337.
[107] Palfrey, Gasser, Generation Internet 2008, S. 4.
[108] Turkle, Leben im Netz 1999, S. 289.
[109] Vgl. Döring, Sozialpsychologie des Internet 2003, S. 341.
[110] Palfrey, Gasser, Generation Internet 2008, S. 5.

Die Internetsoziologinnen Danah Boyd und Nicole Ellison haben 2007 die wichtigsten Eigenschaften eines virtuellen sozialen Netzwerkes beschrieben:

„[Ein virtuelles soziales Netzwerk ist] eine Website, auf der ein User ein öffentliches oder halböffentliches Profil errichten kann, ein Liste anderer Anwender benennen kann, zu denen er Verbindung hat und seine Liste von Verbindungen ansehen und durchgehen kann, und auch die Liste der Anwender innerhalb des Systems. Man etabliert die eigene Position innerhalb eines komplexen Beziehungsnetzwerks und positioniert sich durch sein eigenes Profil im Kontext dieser Beziehungen, normalerweise mit dem Ziel, andernfalls nicht ersichtliche gemeinsame Interessen oder Verbindungen zu entdecken."[111]

Den Fokus legen Boyd und Ellison bei ihrer Definition demzufolge auf drei Faktoren. Zum Ersten scheint es in virtuellen Social Networks darum zu gehen, Verbindungen zu anderen zu haben, um mit diesen in Kommunikation treten zu können. Zum Zweiten darum, sich innerhalb eines Beziehungsnetzwerks zu etablieren und sich zu positionieren, und zum Dritten, auf diesem Weg Gemeinsamkeiten zu entdecken, die wiederum der Selbstverortung und Selbsteinschätzung dienen.

Ein weiterer wichtiger Faktor für die große Beliebtheit sozialer Netzwerke bei Jugendlichen ist jener, dass das Online-Profil zumeist auf einer relativ authentischen Darstellung der realen Identität des Nutzers basiert.[112]
Denn auch im digitalen Zeitalter drücken sich Persönlichkeit und Identität durch Charaktereigenschaften, Interessen und Tätigkeiten aus.

Jugendliche nutzen soziale Netzwerke als Erweiterung ihrer realen Identität, daher ist die eigene Darstellung über ein Profil in den meisten Fällen nicht grundlegend anders, als sie es in der realen Welt ist.[113] Dieser wichtige Grundzug sozialer Netzwerke ist beispielsweise bereits in den Geschäftsbedingungen von Facebook verankert und scheint daher ein elementarer Pfeiler für den Erfolg des Netzwerks zu sein. Hierzu einige Auszüge aus den Geschäftsbedingungen von Facebook:

---

[111] Kirkpatrick, Facebook-Effekt 2011, S. 73.
[112] Kirkpatrick, Facebook-Effekt 2011, S. 73.
[113] Vgl. Palfrey, Gasser, Generation Internet 2008, S. 21.

„Facebook-Nutzer geben ihre wahren Namen und Daten an und wir benötigen deine Hilfe, damit dies so bleibt. Im Folgenden werden einige Verpflichtungen aufgeführt, die du bezüglich der Registrierung und der Wahrung der Sicherheit deines [Facebook]Kontos uns gegenüber eingehst:

1. Du wirst keine falschen persönlichen Informationen auf Facebook bereitstellen oder ohne Erlaubnis ein Profil für jemand anderen erstellen.
2. Du wirst nur ein einziges persönliches Konto anlegen. [...]
7. Deine Kontaktinformationen sind korrekt und du wirst sie auf dem neuesten Stand halten."[114]

Kritisch zu betrachten ist hier selbstverständlich die kommerzielle Nutzung der auf Facebook kommunizierten Daten. Dient das soziale Netzwerk auf der einen Seite der Kommunikation und Vernetzung, so stellt die Plattform auf der anderen Seite kommerziell Werbetreibenden enorme Datenmengen zur Verfügung.[115] Jugendliche stimmen meist unbewusst den Geschäftsbedingungen[116] zu, da diese für sie keine direkt spürbaren Auswirkungen haben.

Die Registrierung in einem virtuellen Social Network ist jedoch gegenwärtig ein wichtiger Faktor für die Integration der Jugendlichen in eine reale Peergroup. Gruppen-Aktivitäten und der gemeinsame Austausch finden heute online ebenso statt wie offline. Soziale Netzwerke bieten somit die Möglichkeit, dabei zu sein und sich gleichzeitig zu differenzieren. Die Darstellung privater Daten in sozialen Netzwerken ist eng an die Herstellung von Gruppenzugehörigkeit geknüpft, die für die Identitätskonstruktion bedeutend ist. Mit den meisten ihrer Online- Freunde sind die Jugendlichen auch im realen Leben befreundet, was den Erweiterungscharakter der Netzwerke betont.[117] Durch die online erstellten Profile und die Verknüpfung mit den realen Freunden entsteht eine direkte Verlinkung zwischen Online- und Offlinewelt. Jugendliche neigen also durchaus dazu, die Informationen, die sie online

---

[114] www.facebook.de, Erklärung der Rechte und Pflichten. [http://www.facebook.com/legal/terms], Stand: 10.07.2012.
[115] www.facebook.de, Erklärung der Rechte und Pflichten. [http://www.facebook.com/legal/terms], Stand: 10.07.2012.
„Du kannst deine individuelle Zielgruppe ansprechen, indem du Werbeanzeigen auf Facebook oder in unserem Herausgebernetzwerk kaufst."
[116] Vgl. ebd., „Dir ist bewusst, dass wir bezahlte Dienstleistungen und Kommunikationen möglicherweise nicht immer als solche kennzeichnen."
[117] Vgl. Palfrey, Gasser, Generation Internet 2008, S. 23 ff.

über sich preisgeben, mit den Parametern der Realität abzustimmen, sodass die online abgebildete Identität auch offline verkörpert werden kann.

Zu diesem Ergebnis kamen auch Forscher der Johannes Gutenberg-Universität in Mainz. Sie untersuchten in Zusammenarbeit mit deutschen und US-amerikanischen Kollegen 236 Facebook-Nutzerprofile. Das Ergebnis überraschte das Forscher-Team: „Die Ergebnisse haben uns selbst überrascht, weil sie der weit verbreiteten Meinung widersprechen, dass Online-Profile nur dazu verwendet werden, ein Ideal der eigenen Person zu präsentieren"[118]. Zu dem Ergebnis kamen die Wissenschaftler, indem sie anhand von Fragebögen die Charaktereigenschaften der Facebook-Profilbesitzer untersuchten. Eingeteilt in fünf Persönlichkeitsmerkmale sollten die Probanden ihre Eigenschaften beschreiben, ebenso wie die Vorstellung davon, wie sie gerne wären. Nachfolgend wurden die Profile von Fremden beurteilt, die ihre Eindrücke von der jeweiligen Persönlichkeit schilderten. Das Fazit: „Online-Profile vermitteln tatsächlich ein sehr genaues Bild der Profilinhaber"[119].

Facebook-Profile funktionieren also als virtuelle Ausdrucksoption zur Darstellung der eigenen Person, ähnlich wie erweiterte Visitenkarten. Vom Foto, über den Namen und den Wohnort, das Alter, den Beruf oder die Schule bis hin zu den Interessen und den Lieblings-Italiener um die Ecke gibt es für jede private Information eine eigene Eingabefläche. Darüber hinaus haben die Nutzer die Möglichkeit, Fotoalben online zu präsentieren und damit für sie wichtige Momente in Bildern mit anderen zu teilen. Wie auch Facebook verfügen die meisten sozialen Netzwerke ferner über eine Pinnwandfunktion, die es anderen Mitgliedern ermöglicht, ein Feedback zu den veröffentlichten Informationen zu geben. Sie ist eine der zentralsten Funktionen sozialer Netzwerke.

Jugendliche können auf diesem Weg Identität, die sich in der realen Welt bereits etabliert hat, zusätzlich auch innerhalb des sozialen Netzwerkes etablieren und ihre Bedürfnisse nach „Zugehörigkeit, Anerkennung, Unterstützung, realistischer Selbsteinschätzung und Selbstwerterhöhung"[120] befriedigen.

---

[118] www.sueddeutsche.de, Echte Menschen. [http://www.sueddeutsche.de/digital/identitaet-in-sozialen-netzwerken-echte-menschen-auf-facebook-1.126786], Stand: 30.05.2012.
[119] www.sueddeutsche.de, Echte Menschen. [http://www.sueddeutsche.de/digital/identitaet-in-sozialen-netzwerken-echte-menschen-auf-facebook-1.126786], Stand: 30.05.2012.
[120] Döring, Sozialpsychologie des Internet 2003, S. 354.

Besonders relevant für die Identitätsarbeit ist vor diesem Hintergrund, dass alle auf dem Profil veröffentlichten Inhalte bewusst preisgegeben werden müssen. Die Nutzer können selber auswählen, was sie in ihrem Profil über sich veröffentlichen möchten. So müssen Jugendliche sich aktiv damit auseinandersetzen, welchen Teil ihrer Identität sie für erwähnenswert halten und welchen sie unbeachtet lassen. Sie aktualisieren ihre Erscheinung in der realen Welt ebenso wie in der virtuellen. Die Identitätskonstruktion kann so trainiert werden. Auch Döring weist darauf hin, dass es ein charakteristisches Merkmal virtueller Identitäten ist, dass die Person ihre Identitätsrepräsentation auf dem Monitor beobachten und beeinflussen kann. Weiter schreibt sie, dass somit die netzbasierte Identitätskonstruktion ein kontrollierbarer Gestaltungs- und Konstruktionsprozess ist, der bei einer Offline-Identitätspräsentation nicht zu finden ist.[121]

Dazuzugehören, in eine Gruppe integriert zu sein und anerkannt zu werden, ist vermutlich der wichtigste Aspekt sozialer Netzwerke und ein ebenso wichtiger in der Identitätsarbeit. In manchen Fällen entsteht sogar ein regelrechter Wettbewerb darum, wer die meisten Freunde in seiner Freundesliste sammelt. Oft werden Freundschaftsanfragen von Fremden aus diesem Grund nicht abgelehnt.

Unsere digitale Identität[122], so Palfey und Gasser, definiert sich nicht nur über das von den Jugendlichen veröffentlichte Profil. Sie definiert sich ebenso über die Personen, mit denen wir, für Außenstehende einsehbar, online verkehren.[123] Ein Aspekt, der sich in dieser Form auch in der Offline-Identitätsarbeit findet. So kann der Freundschaftskontakt ein Profil sogar auf- oder abwerten. Das Prinzip ist hier recht einfach. Genießt der Online-Freund in der realen Welt, beispielsweise auf dem Schulhof, ein gutes Ansehen, so wertet eine Freundschaft mit ihm das eigene Profil auf. Mit diesen Menschen in Verbindung gebracht zu werden, steigert auch in der Offlinewelt das eigene Ansehen. Gilt der Online-Freund jedoch in der realen Welt als Außenseiter, der auch offline kaum oder gar nicht in eine Peergroup integriert ist oder einer Gruppe angehört, die von den eigenen Freunden beispielsweise als uncool erachtet wird, so wird er auch das eigene Profil abwerten. Freundschaftsanfragen

---

[121] Vgl. Döring, Sozialpsychologie des Internet 2003, S. 343.
[122] Palfrey und Gasser unterscheiden zwischen *persönlicher* Identität und deren Erweiterung in einer *digitalen* Umgebung, 2008, S. 21.
[123] Vgl. Palfrey, Gasser, Generation Internet 2008, S. 22.

werden in diesen Fällen oft nicht angenommen. Der Einfluss, den diese Abweisung auf die Psyche der Betroffenen hat, ist schwer einzuschätzen und individuell sicherlich unterschiedlich zu beurteilen, kann aber unter Umständen fatal sein.

Sicher ist jedoch, dass sich Identitäten in der heutigen Zeit nicht mehr nur im zwischenmenschlichen Kontakt des realen Lebens ausbilden, sondern ebenso im Zusammengang mit Mediennutzung. Zweifellos sind also die Selbstdarstellungen Jugendlicher auf Facebook relevant für die Identitätsarbeit. Das Netzwerk bietet eine Vielzahl an Wirklichkeitsentwürfen an, die neben Repräsentationen bestimmter Personen und Personengruppen auch Identitätskonstruktionen beinhalten.[124]

Identitätsarbeit wird durch soziale Netzwerke nicht nur mit Medienhandeln verknüpft, sondern auch in Peergroups integriert und einer Öffentlichkeit präsentiert, schreiben Ulrike Wagner und ihre Mitautoren vom JFF – Institut für Medienpädagogik in München.[125] Die Öffentlichkeit eines Social Networks repräsentiert die sozialen und kulturellen Normen ebenso wie die Gemeinschaften, zu denen sich Jugendliche positionieren wollen.[126] Andere Mitglieder können durch Kommentare oder *Gefällt-mir-Posts* eine öffentliche Rückmeldung geben und die Selbstdarstellung des Einzelnen auf diesem Weg mitgestalten. So entsteht ein für die Identitätsgenese wichtiger Raum der Selbstdefinition und Selbstvergewisserung. Der direkte Kontakt zur Peergroup, deren Rückmeldung und die Möglichkeit, auf andere Mitglieder verweisen zu können, auf Freunde ebenso wie auf Stars, Produktmarken oder TV-Sendungen, hilft den Jugendlichen, sich selbst und die eigene Identität zu definieren.[127]

Vor diesem Hintergrund lässt sich auch die metaphorische Patchwork-Identität Heiner Keupps auf die digitale Welt sozialer Netzwerke projizieren. Der virtuelle Raum verlangt den Jugendlichen neue Handlungsweisen und ein hohes Maß an Flexibilität ab. Jugendliche haben im Social Web die Möglichkeit, gemachte Erfahrungen mit denen anderer Mitglieder zu vergleichen. Innerhalb der sozialen Netzwerke können sie diese Erfahrungen durch die verschiedenen Funktionen mit anderen teilen und sich dadurch verorten und einschätzen. Sie können ihre Erlebnisse

---

[124] Vgl. Döring, Sozialpsychologie des Internet 2003, S. 337.
[125] Wagner, Brüggen, Gebel, Web 2.0 2009
[126] Ebd., S. 64.
[127] Vgl. ebd.

auf unkomplizierte Weise in einen Aushandlungsprozess mit sich selbst und einer gesellschaftlichen (Teil-)Öffentlichkeit stellen. Die Feedbackfunktionen, wie Pinnwandeinträge, *Gefällt-mir-Button*, Nachrichten oder Chats, setzen sie in einen direkten Verarbeitungs- und Verhandlungsprozess mit sich selbst und anderen. Dadurch, dass jede eingestellte Information bewusst gewählt ist, kommt es zu jener Selbsterzählung, ohne die eine Identitätskonstruktion im Internet nicht möglich ist. Die Möglichkeit, online Freundschaften zu schließen oder offline Freundschaften in der Onlinewelt zu pflegen, sowie die Funktion, Gruppen beitreten zu können, in denen beispielsweise über politische, aber auch alltagsweltliche Themen diskutiert wird, können durchaus als soziales und kulturelles Kapital betrachtet werden. Auch lässt sich die Vorstellung Keupps von Teilidentitäten auf die Onlinewelt beziehen. In themenbezogenen sozialen Netzwerken, wie Fanseiten, kann alleinig die Identität des GZSZ-Fans zutage treten, wohingegen diese in der realen Welt nur einen Bruchteil der gesamten Identität ausmacht.

Geht man davon aus, dass Jugendliche im Zuge ihrer Identitätskonstruktion ein Patchwork verschiedener Teil-Identitäten entwickeln, muss man sich fragen, welche Funktionen der sozialen Netzwerke die Nutzung identitätsrelevant machen und in welcher Form sie Einfluss auf die Identitätsarbeit ausüben.

## 5.1 Identitätsrelevante Prozesse und Motive in sozialen Netzwerken am Beispiel von Facebook

Relevant für die Identitätsgenese Jugendlicher bei Netzkommunikation sind, so schreibt Döring, zwei Aspekte. Zunächst einmal bieten soziale Netzwerke ihren Mitgliedern vielseitige soziale Erfahrungsräume, Gruppenzugehörigkeiten und Rollen an, die im realen Leben den Jugendlichen nur teilweise oder gar nicht zugänglich sind. Darüber hinaus ermöglichen die Optionen eines sozialen Netzwerks einen zusätzlichen Freiheitsgrad bei der Selbstdarstellung und Selbstkonstruktion. Beide Aspekte können durchaus dazu beitragen, dass Jugendliche durch die Nutzung sozialer Netzwerke neue (Teil-)Identitäten entwickeln, die sich daraufhin sowohl in der Online- als auch in der Offlinewelt etablieren.[128]

---

[128] Vgl. Döring, Sozialpsychologie des Internet 2003, S. 371.

Bezug nehmend auf Stern[129] erläutern Wagner und ihre Mitautoren in der Studie „Web 2.0 als Rahmen für Selbstdarstellung und Vernetzung Jugendlicher" identitätsrelevante Motive und Prozesse jugendlicher Autoren/-innen von Websites und Blogs. Als Ergebnis der Analyse Sterns lassen sich drei für Jugendliche identitätsrelevante Prozesse und Motivationen innerhalb des Internets herauskristallisieren.[130]

Der erste identitätsrelevante Prozess ist die **Erweiterung der Selbstreflexion und der Selbsterfahrung**. Durch die bewusste Äußerung von Gefühlen und Erfahrungen in der Onlinewelt setzen sich die Jugendlichen mit ihrem realen Selbstbild auseinander. Social Networks können in diesem Zusammenhang sowohl Ort- als auch Gegenstand der Selbstreflexion sein. Ein Beispiel dafür ist die Timeline-Funktion (Chronik) von Facebook. Die Facebook-Chronik ordnet die Aktionen der Nutzer, ungeachtet ob Foto oder Post, chronologisch nach dem Datum der Erstellung. Eine leere Facebook-Chronik veranschaulicht diese Funktion:

**Abbildung 4: Die Facebook-Chronik**

Das Online-Profil kann auf diesem Wege auch als Dokument der persönlichen Entwicklung gelesen werden, die rückwirkend betrachtet und reflektiert werden kann.

---

[129] Vgl. Stern, Producing Sites, Exploring Identities. Youth Online Authorship 2008.
[130] Vgl. Wagner, Brüggen, Gebel, Web 2.0 2009, S. 64 ff.

Die zweite die Identitätsarbeit beeinflussende Motivation ist der **Erhalt von Feedback**. Die meisten Jugendlichen konstruieren ein relativ authentisches Selbstbild im Internet, denn es dient der sozialen Integration und entspringt der Suche nach Anerkennung und Zugehörigkeit. Von der Rückmeldung anderer Nutzer erhoffen sie sich Akzeptanz und Bestätigung.

Der dritte identitätsrelevante Aspekt ist die **soziale und kulturelle Verortung**, die beispielsweise innerhalb sozialer Netzwerke stattfindet. Die Jugendlichen möchten Teil einer Gruppe sein und sich sowohl sozial als auch kulturell integrieren. Weiterhin stellt der kompetente Umgang mit dem Medium Social Network eine Medienkompetenz des Nutzers unter Beweis, die heute innerhalb der Peergroups von den Jugendlichen erwartet wird. Somit fungiert die Mitgliedschaft in einem sozialen Netzwerk zum einem als Schlüssel zur Gruppenzugehörigkeit und akkreditiert zum anderen die Medienkompetenz des Mitglieds. Ebenfalls bieten themenbezogene Gruppen die Möglichkeit, Insiderwissen zu einem Thema zu veröffentlichen und sich auch auf diese Weise kulturell zu verorten.[131]

Wagner schreibt allerdings auch, dass Stern auf die empirische Basis der verwendeten Studie nicht näher eingeht, und weiter, dass offenbleibt, inwieweit alle oder nur bestimmte Jugendliche von diesen Motiven bewegt sind. Ebenfalls geht Stern nicht näher darauf ein, ob die Ergebnisse in dieser Form auf andere Internet-Plattformen übertragbar sind.[132]

Daher ziehe ich zur weiteren Erläuterung und Ergänzung der für die Identitätsarbeit Jugendlicher relevanten Aspekte und Prozesse in sozialen Netzwerken die Ergebnisse der qualitativen Studie Angela Tillmanns heran.

Tillmann untersucht die Bedeutung der nicht kommerziellen Online-Community LizzyNet, für Mädchen zwischen 12 und 18 Jahren. Die Plattform wurde u. a. von Tillmann entworfen, von ihr pädagogisch betreut und evaluiert. Ich beziehe mich im folgenden Abschnitt auf das Forschungsprojekt LizzyNet, da sich, Tillmann zufolge, die dort erhobenen Daten auf andere virtuelle Umgebungen abbilden lassen, in denen

---

[131] Vgl. Wagner, Brüggen, Gebel, Web 2.0 2009, S. 64 ff.
[132] Vgl. Ebd., S. 65.

Jugendliche involviert sind.[133] Identitätsrelevante Aspekte, die Tillmann in ihrer Studie ermittelt, lassen sich vergleichbar im Resultat anderer Studien finden[134], beispielsweise auch in der von Stern.

Tillmann erfasst für ihre Studie vier Schlüsselkategorien. Diese klassifizieren die Gründe, warum sich Jugendliche im Internet aufhalten und warum und wie sie Social Communities nutzen. Tillmann bezeichnet das von ihr untersuchte soziale Netzwerk als Identitätsspielraum, woraus geschlossen werden kann, dass jede der vier Kategorien identitätsrelevante Aspekte beinhaltet.

Die Relevanz des Handlungsspielraums jugendnaher sozialer Netzwerke für die Identitätsarbeit werde ich nachfolgend weiterhin am Beispiel der sozialen Netzwerkplattform Facebook illustrieren. Dafür wende ich die Ergebnisse der Studie Angela Tillmanns an, indem ich die von ihr evaluierten Kategorien auf die Handlungsspielräume, Funktionen und technischen Möglichkeiten des Social Networks www.facebook.de übertrage. Ich fasse die von Tillmann gestalteten Kategorien jedoch allgemeingültiger und komprimiere sie, da sich der Schwerpunkt meiner Arbeit auf die Identitätsarbeit Jugendlicher im Allgemeinen richtet und sich nicht auf Mädchen zwischen 12 und 18 Jahren beschränkt.

Als erste für die Identitätsarbeit Jugendlicher relevante Kategorie nennt Tillmann die **Selbstkonstruktion über das Profil** des sozialen Netzwerks.

Facebook bietet in diesem Punkt eine immens große Auswahl an Funktionen und Eingabemasken. Schon bei der Registrierung wird kaum eine Facette der Persönlichkeit außer Acht gelassen. Profilfoto, Vorname, Nachname, Geschlecht, derzeitiger Wohnort, Heimatstadt, Geburtstag, Beziehungsstatus, Familie und Freunde, Philosophie, Ausbildung und Beruf, Sport und das freie Textfeld „Über mich" sind nur einige der Möglichkeiten zur Selbstdarstellung. Die Eingabemasken sind wie Formularfelder aufgebaut. Schon bei der Eingabe einer oder mehrerer Buchstaben schlägt das System eine Antwort oder Vernetzung vor. Facebook hilft den

---

[133] Vgl. Beck, Rezension zu A. Tillmann 2009. [http://www.socialnet.de/rezensionen/7918.php], Stand: 11.07.2012.
[134] Vgl. ebd.

Jugendlichen gewissermaßen auf die Sprünge und fördert somit die Eingabe-
freudigkeit seiner Nutzer.

Die Möglichkeit zur Erstellung des eigenen Profils lockt ihre Nutzer damit, sich
anderen selbstbestimmt präsentieren zu können. Sie dient der Erweiterung des
eigenen sozialen Netzwerkes, der sozialen Zugehörigkeit und der Demonstration von
Medienkompetenz.[135] Die Nutzer präsentieren ausgewählte Selbstaspekte und,
obwohl diese bewusst an andere Nutzer adressiert werden, fehlen beim Entwurf der
eigenen virtuellen Identität prüfende und wertende Blicke, die in der realen Welt
verunsichern können.[136] Die dargestellten Profil-Informationen richten sich in erster
Linie an reale Freunde, aber auch an Unbekannte gleichen oder ähnlichen Alters.[137]

Beeinflusst wird die Gestaltung der Profilseiten durch Geschlecht, Bildungs-
hintergrund und Alter der Nutzer. Das Ziel der Erstellung eines realitätsnahen
Facebook-Profils ist gleichzeitig der Motor sozialer Netzwerke: die soziale
Unterstützung.

Die von Angela Tillmann als zweite identitätsrelevante genannte Kategorie der
**sozialen Unterstützung** ist der Grund für das Massenphänomen Facebook. Sie
nimmt nicht nur Einfluss darauf, ob soziale Netzwerke gelingen und sich weiter-
entwickeln[138], sondern ebenso auf die Identitätsarbeit Jugendlicher. Die Selbst-
inszenierung und die Gestaltung der eigenen Identität geht, sowohl in der digitalen
als auch in der realen Welt, immer mit der Hoffnung auf Anerkennung und Zugehörigkeit einher. Positive Rückmeldungen auf die eigene Identität und die Partizipation durch ein relativ authentisches Profil fördern ein Gefühl sozialer Zugehörigkeit. Facebook verzichtet aus eben diesen Gründen bewusst auf einen *Gefällt-
mir-nicht-Button*. Die Möglichkeiten des positiven Feedbacks, in Form des *Gefällt-
mir-Buttons*, finden sich automatisch unter jedem Post und jedem Bild und
verstärken die emotionale Bindung seiner Mitglieder an das Angebot.

---

[135] Vgl. Tillmann, Identitätsspielraum Internet 2008, S. 112.
[136] Vgl. ebd., S. 114.
[137] Vgl. ebd., S. 120.
[138] Vgl. ebd., S. 130.

Während Tillmann auf fünf verschiedene Formen[139] der sozialen Unterstützung hinweist, werde ich auf nur drei Kategorien verweisen, die sich meines Erachtens nach nur in dieser Form, allgemeingültig auf jugendnahe soziale Netzwerke übertragen lassen.

1) Die informative Unterstützung
2) Die emotionale Unterstützung
3) Die Unterstützung durch Wertschätzung

Die *informative Unterstützung* erfahren Facebook-Mitglieder meist im Bezug auf materielle Hilfen oder Dienstleistungen. Hierzu führe ich beispielhaft einige reale Zitate aus Facebook an, die Namen der Mitglieder wurden von mir verfremdet:

[Zitat von *Ka Rolin22*, Juli 2012:]
„juhu meine lieben,nachdem ich call a bike diesen monat viel zu viel geld gebracht habe u. mein rad leider weg ist…bin ich auf der suche nach einem ganz netten kostenlosen oder günstigen rädchen, wenn also jemand seins nicht mehr braucht oder jemand kennt der seins loswerden möchte meldet euch bitte bei mir…würde ggf. auch eins nehmen was noch ein bisschen fit gemacht werden muss... danke"

[Auszug aus einem Dialog zwischen *LoLa* und *Tommy B*, Juli 2012:]
*LoLa:* „wie kann man eine googlemail auf dem handy löschen ohne das handy auf werkseinstellungen zurück zu setzen?"

*Tommy B:*„Guck ma unter einstellungen/konten & synchronisierung oder so ähnlich dann das googlemail konto auswählen und löschen."

Hierbei ist den Jugendlichen auf der einen Seite wichtig, sich Rat holen zu können, auf der anderen Seite aber ebenso, selber Hilfestellung leisten zu können. Unterstützung wird demnach aktiv gesucht und geleistet.[140]

---

[139] Informational Support, Tangible Aid, Emotional Support, Esteem Support und Social Network Support.
[140] Vgl. Tillmann, Identitätsspielraum Internet 2008, S. 138.

*Emotionale Unterstützung* wird meist in Form von Sorge, Empathie oder Sympathie ausgedrückt. Sie steigert das Selbstbewusstsein und das Gefühl von sozialer Zugehörigkeit und spielt daher bei der Identitätsarbeit eine wichtige Rolle.

[Zitat von *Ninni99*, Juli 2012:]

„Liebe Geburtstagsprinzessin, wenn es dich nicht geben würde, müsste man dich erfinden, doch so etwas einmalig Liebenswertes, so etwas einzigartig Außergewöhnliches, wie du es bist, hätte selbst der begabteste Erfinder nicht hervorgebracht, darum ist es gut, das es dich bereits gibt."

Die emotionale Unterstützung steigert das Selbstwertgefühl der Jugendlichen. Denn sowohl das Versenden als auch das Empfangen positiven Feedbacks verstärkt die emotionale Bindung zwischen den Mitgliedern. Die emotionale Unterstützung ist darüber hinaus ein wesentlicher Faktor für die Akzeptanz und die Bindung der Mitglieder an das Netzwerk selbst.[141]

Gleichwohl wichtig ist die *Unterstützung durch Wertschätzung*. Ehrliche, kritische und aufrichtige Äußerungen, so Tillmann, helfen oft mehr als ein Standardlob. Die folgenden Zitate sollen verdeutlichen, wie wichtig Jugendlichen die öffentliche Wertschätzung ihrer Online-Freunde ist. So können sich unter dem einen oder anderen Post schon einmal mehr als 100 *Likes* finden, die das Selbstwertgefühl des Facebook-Mitglieds steigern:

[Zitat von *MichaelBPunkt*, Juli 2012:]

„Oberligaspieler *MichaelBPunkt* – irgendwelche Einwände?"

[Zitat von *Jens*, Juli 2012:]

„Endlich Industriekaufmann :D gleich schön nach Malle!!!!!!!!!!"

Für die Jugendlichen zählen hierbei in erster Linie, Rat und Anerkennung aus der Peergroup zu erfahren. Das Selbstwertgefühl und die soziale Zugehörigkeit werden

---

[141] Vgl. Tillmann, Identitätsspielraum Internet 2008, S. 138.

gestärkt. In gleicher Weise dient die Unterstützung durch Wertschätzung der Orientierung und somit auch der Selbstverortung.[142]

Die dritte Funktion mit Relevanz für die Identitätsarbeit in einem sozialen Netzwerk ist die **Orientierung**. Facebook stellt Jugendlichen durch die Masse an öffentlich preisgegebenen Informationen eine Fülle an Identitätsschablonen zur Verfügung. Mögen diese Orientierungspunkte in der realen Welt auch immer weniger werden, auf Facebook treffen Jugendliche auf eine schier unendliche Vielfalt von Identitätsangeboten. Durch den globalen Charakter des Netzwerks stehen den Jugendlichen unzählige Lebensstile für die Orientierung zur Verfügung.

Jugendliche beobachten ihren virtuellen Freundeskreis sehr genau. Informationen, die im realen Leben aktiv erfragt werden müssen, stehen bei Facebook in jedem Profil zur Einsicht bereit. Welche Schulen die Freunde besuchen, welche Ausbildungen sie absolvieren, an welcher Universität sie studieren und wann sie ihren Beziehungsstatus ändern. Sämtliche Informationen dienen den Jugendlichen als Anhaltspunkte für die eigene Verortung in der realen Welt.

Neben den persönlichen Informationen der Freunde können Jugendliche bei Facebook ebenfalls einsehen, wie der jeweilige Freundeskreis des Freundes auf die unterschiedlichen Angaben reagiert. Jugendliche lernen und orientieren sich nicht nur anhand der eigenen gemachten Erfahrungen, sondern ebenfalls daran, welche Erfahrungen andere machen, die sie online veröffentlichen, und den Reaktionen, die sie darauf erhalten. Länder- und kulturübergreifende Zukunftsperspektiven eröffnen sich auf diesem Wege. Lebensstile, Werte und Normen anderer Nutzer sind über die Profile einsehbar und können für die eigene Orientierung herangezogen werden.

Jugendliche nutzen Facebook als Informations-, Interaktions- und Partizipations-möglichkeit, um in der Auseinandersetzung mit Gleichaltrigen Erfahrungen, Einstellungen und Zukunftsfragen zu diskutieren und sich in Bezug auf ent-wicklungsrelevante Themen zu orientieren.[143] So entstehen optionale Selbstentwürfe.

---

[142] Vgl. Tillmann, Identitätsspielraum Internet 2008, S. 112.
[143] Vgl. ebd., S. 177.

Der vierte identitätsbildene Aspekt jugendnaher sozialer Netzwerke ist die **soziale Zugehörigkeit**. Auch sie stellt einen für die Identitätsarbeit wichtigen Faktor dar.

Treibende Kräfte sind der Wunsch nach Mitbestimmung und der Übernahme von Verantwortung und Solidarität. Dass ein virtuelles soziales Netzwerk nur eine Erweiterung und kein Ersatz für ein reales soziales Netzwerk ist, habe ich in Kapitel 5 bereits betont. Dennoch spielt die Zugehörigkeit, gerade zu einem virtuellen Netzwerk, gegenwärtig eine große Rolle für Jugendliche in der Identitätsarbeit. Angela Tillmann erklärt, dass in ihren Interviews sehr deutlich wird, dass Jugendliche auch im digitalen Raum des sozialen Netzwerks Zugehörigkeits- und Wir-Gefühle empfinden. Die Verbundenheit beruht auf einer formalen, einer nutznießenden und einer sozial-partizipatorischen Mitgliedschaft.[144]

Die Mitgliedschaft in einem sozialen Netzwerk eröffnet den Jugendlichen neue Erfahrungsräume, die frei sind von pädagogischer Kontrolle. Sie ermöglicht das Austesten neuer Bindungen und die Erweiterung des realen sozialen Netzwerks um neue virtuelle Kontakte.[145] Die Mitgliedschaft in einem Social Network ist daher relevant für die Identitätsarbeit von Jugendlichen, da sie durch neue Formen und Funktionen der Kommunikation plötzlich mit ungewohntem, aber durchaus gewünschtem Feedback konfrontiert werden, das in vielen Fällen Anlass bietet, die eigene Identität zu hinterfragen.[146]

In der Gesamtheit lässt sich festhalten, dass jugendnahe soziale Netzwerke durch ihre Beschaffenheit, ihre Aktualität und ihre Funktionen durchaus eine Vielzahl identitätsrelevanter Aspekte bieten. Das Medium Social Network unterstützt Jugendliche in der Identitätsbildung, indem es ihnen Raum bietet, sich fernab pädagogischer Konsequenzen ausprobieren zu können.

Neben den verschiedenen Möglichkeiten zur Selbstdarstellung ist bereits die Zugehörigkeit oder Nicht-Zugehörigkeit zu einem virtuellen Social Network ein identitätskonstruierender Faktor.

---

[144] Vgl. Tillmann, Identitätsspielraum Internet 2008, S. 180.
[145] Vgl. ebd., S. 191.
[146] Vgl. Döring, Sozialpsychologie des Internet 2003, S. 401.

Jugendliche benötigen die sozialen und kulturellen Rahmenbedingungen einer Gesellschaft und ihrer Ressourcen für die Herstellung von Identität. Soziale Netzwerke repräsentieren durch ihre Vielseitigkeit sowohl soziale als auch kulturelle Werte und Normen. Die Gemeinschaft, in der Jugendliche ihre persönlichen Informationen veröffentlichen, repräsentiert reale Bezugsgruppen und -systeme und hilft den Jugendlichen, sich zu orientieren und zu positionieren.

Die Integration in ein soziales Netzwerk bietet den Jugendlichen einen Ort für und einen Grund zur Selbstreflexion. Überdies fördern die Netzwerke das Gefühl sozialer Zugehörigkeit und Partizipation. Die dort erfahrbare soziale Unterstützung dient sowohl der Selbstkonstruktion als auch der Stärkung des Selbstwertgefühls.

Soziale Netzwerke bieten folglich eine Menge identitätsrelevanter Aspekte und helfen bei der jugendlichen Identitätskonstruktion.

Neben den Chancen, die Facebook Jugendlichen für die Identitätsarbeit eröffnet, birgt es durchaus auch Gefahren, die nicht außer Acht zu lassen sind. Nachfolgend gebe ich einen Einblick in potenzielle Gefahrensituationen, die jedoch zumeist durch die kompetente Nutzung der Sicherheitseinstellungen vermieden werden können.

## 5.2 Risiken jugendnaher sozialer Netzwerke am Beispiel von Facebook

Bei der Betrachtung der Möglichkeiten zur Identitätskonstruktion Jugendlicher in sozialen Netzwerken wird deutlich, dass diese neben den Chancen, die sie bieten, auch Gefahren bergen.

Da das wirtschaftliche Gelingen virtueller sozialer Netzwerke auch auf der Preisgabe ausführlicher persönlicher Informationen beruht, stellen die Social Networks bereits durch ihrer Struktur einen Gefahrenfaktor dar. Während die Nutzer ihre personenbezogenen Daten zur Selbstdarstellung und Selbstverortung innerhalb einer Gruppe nutzen, hat Facebook ein eigenes Interesse an den Daten seiner Nutzer.[147]

---

[147] Vgl. Projektbüro „Schau Hin!", Kindgerechter Umgang mit sozialen Netzwerken. [http://schau-hin.info/fileadmin/content/pdf/downloadcenter/SozialeNetzwerke/index.html#/1], Stand: 09.08.2012.

Bereits die kostenlose Registrierung auf der Plattform wirft die Frage auf, wie das Börsenunternehmen Facebook sich letztlich finanziert. Der kommerzielle Handel mit den persönlichen Daten seiner Mitglieder ist der wirtschaftliche Motor dieses Unternehmens. Je genauer die Nutzer des Netzwerks über sich Auskunft erteilen, desto exakter können kommerziell Werbetreibende ihre Produkte dort platzieren, wo sie von der wirtschaftlich wichtigen Zielgruppe wahrgenommen werden. Vor diesem Hintergrund ist es extrem wichtig, dass Jugendliche eine Medienkompetenz erlangen, die es ihnen ermöglicht, die Strukturen und Vorgehensweisen der Internetplattform zu verstehen und durch aktiven Selbstschutz anhand der Privatsphäre-Einstellungen den Einfluss der Werbetreibenden möglichst gering zu halten.

Die von Facebook voreingestellten Privatsphäre-Einstellungen schützen die Mitglieder des Netzwerkes kaum. Jugendliche müssen in der Lage sein, sich bereits bei Inbetriebnahme der Plattform aktiv vor Missbrauch ihrer personenbezogenen Daten schützen zu können. Über eine Formularoberfläche, die die Jugendlichen bereits von der Anmeldung in Facebook kennen, besteht die Möglichkeit, die Privatsphäre der eigenen Daten benutzerdefiniert zu kontrollieren. Auch die Nutzung der Daten, zum Beispiel der Fotos, für kommerzielle Zwecke, kann hier deaktiviert werden. Ebenfalls sollten Jugendliche zu jeder Zeit die Kontrolle über die sowohl von ihnen veröffentlichten Daten als auch über die Daten haben, die andere Nutzer veröffentlichen und auf denen sie markiert sind.

So erkennt beispielsweise die automatische Gesichtserkennung von Facebook nicht nur die Gesichter auf den online eingestellten Bildern, sondern kann ihnen auch die Namen der Nutzer zuordnen, die auf den Bildern zu sehen sind. Jugendliche können somit auf Fotos verlinkt sein, die sie nicht selber veröffentlicht haben. Auf diesem Weg kann es schnell zu einem Kontrollverlust über die eigenen Daten kommen. Ebenfalls ist darauf zu achten, dass Nutzer keine fremden Bilder auf ihrem Profil einstellen. Beides kann über die Privatsphäre-Einstellungen mit einem Klick vermieden werden. Sobald der Jugendliche veranlasst, dass er jedes Foto und jeden Post, in dem sein Name erscheint, zuerst sichten und freigeben muss, hat er die Kontrolle über seine persönlichen Daten.

Grundsätzlich haben aber nicht alle Mitglieder sozialer Netzwerke die gleichen Voraussetzungen und Möglichkeiten der Nutzung. Die individuelle Lebenssituation, der finanzielle Hintergrund, der Bildungsstand und die Medienkompetenz spielen hierbei eine wichtige Rolle. Jugendlichen, die vor der Nutzung virtueller sozialer Netzwerke aus verschiedenen Gründen keine Medienkompetenz erworben haben, fehlen die Analyse-, Urteils- und Handlungskompetenzen im Umgang mit dem Medium Social Network.

Jedes virtuelle Netzwerk birgt aber auch Gefahren, die nicht über die Privatsphäre-Einstellungen verhindert werden können.

Denn die ständige Bewertung durch Dritte kann sich auf Jugendliche in zweierlei Hinsicht auswirken. Sie kann das Selbstwertgefühl steigern, den Jugendlichen aber auch emotionalen Schaden zufügen (z. B. durch Cybermobbing). So wirkt die Unverbindlichkeit des Internets gegenüber der realen Face-to-face-Kommunikation enthemmend und kann andere Mitglieder in manchen Fällen zu Spott und Diskriminierung verführen.

Hier ist es in erster Linie die Öffentlichkeit des Netzwerkes, die die Ausbreitung von Schikane und Häme so gravierend macht.

Diskriminierungen oder Falschaussagen, die einmal veröffentlicht wurden, verbreiten sich unter Umständen wie ein Lauffeuer und verursachen Schäden bei den Betroffenen, die sehr belastend sein können.[148] Hier verhält es sich ebenso wie in der Offlinewelt. Nur dass die Geschwindigkeit, mit der sich Informationen verbreiten, schneller und die Öffentlichkeit, die sie empfängt, größer ist.

Die Chancen und Möglichkeiten, soziale Netzwerke positiv, kreativ und identitäts-stiftend zu nutzen, sind demnach eng geknüpft an den vorangegangenen Erwerb von Medienkompetenz. Ohne Medienkompetenz fällt es Jugendlichen schwer, sich in der Onlinewelt zurechtzufinden und die Ressourcen effektiv nutzen zu können. Leider hilft jedoch der Erwerb von Medienkompetenz nicht gegen die Unverbindlichkeit des Netzwerkes und die damit einhergehenden möglicherweise negativen Folgen.

---

[148] Vgl. Projektbüro „Schau Hin!", Kindgerechter Umgang mit sozialen Netzwerken. [http://schau-hin.info/fileadmin/content/pdf/downloadcenter/SozialeNetzwerke/index.html#/1], Stand: 09.08.2012.

# 6 Resümee und Relevanz für die Pädagogik

Digitale Medien spielen in unserem Alltag zunehmend eine wichtigere Rolle. Gegenwärtig wachsen Jugendliche in einer Welt auf, die sich durch rasanten technischen Fortschritt fortwährend verändert. Vor allem Social Networks haben einen hohen Stellenwert im Medienrepertoire und Alltag der Jugendlichen.

Verändert hat sich in den vergangenen Jahrzehnten auch die Identitätsarbeit. Modelle, in denen Identität als kohärentes auf Lebenszeit konstantes Konstrukt dargestellt wird, gehören der Vergangenheit an. Metaphorische Patchworkmodelle, in denen Teil-Identitäten in einem lebenslang andauernden Prozess konstruiert, verändert und wieder neu zusammengesetzt werden, prägen das Bild der aktuellen Identitätsforschung. So kann beispielsweise die Identität in einem virtuellen sozialen Netzwerk ein Bestandteil dieser Teil-Identitäten bilden. Demnach ist das Facebook-Profil durchaus als virtuelle Erweiterung der realen Identität zu verstehen. Der Unterschied zur Offlinewelt ist jedoch, dass alle Inhalte bewusst und gefiltert dargestellt werden.

Jugendliche scheinen das Potenzial der sozialen Netzwerke früh erkannt zu haben. Die meisten von ihnen sind Mitglieder in sozialen Netzwerken und kommunizieren dort eine vergleichsweise authentische Selbstdarstellung anhand ihres Profils. Sie führen zum Großteil eine Hybridexistenz, die sich bei Veränderung sowohl in der realen als auch in der digitalen Welt aktualisiert.

Die sozialen Netzwerke bieten ihnen Raum für freies Experimentieren mit der eigenen Identität sowie die Möglichkeit zur Selbstdarstellung und Partizipation. Darüber hinaus erhalten Jugendliche hier das Feedback einer Zielgruppe, der sie sich auch im realen Leben stellen müssen. Zugehörigkeit, Anerkennung und soziale Integration sind die Schlüsselwörter der jugendlichen Identitätsarbeit und die Basis der sozialen Netzwerke. Rollenbilder und Identitätsentwürfe, die Jugendliche in den Social Networks finden, können ihnen helfen, sich auch in der realen Welt zu orientieren. Somit beeinflussen die Netzwerke die Online-, gleichermaßen wie die Offline-Identität der Jugendlichen.

Die Kritik an sozialen Netzwerken, insbesondere der inflationäre Umgang mit personenbezogenen Daten, erzeugt in der Öffentlichkeit ein negatives Bild, das kaum Chancen und positive Aspekte aufzeigt. Leider wird die Tatsache oft völlig außer Acht gelassen, dass Risiken und Gefahren sozialer Netzwerke oft in Verbindung mit nicht vorhandener Medienkompetenz entstehen. Denn der kompetente und sachgerechte Umgang mit dem Medium Internet im Allgemeinen und mit sozialen Netzwerken im Besonderen setzt Medienkompetenz voraus. Nur wenn Jugendliche über Medienkompetenz verfügen, sind sie in der Lage, das Internet und mit ihm die sozialen Netzwerke als erfolgreich identitätsstiftendes Hilfsmittel in der Identitätskonstruktion zu nutzen.

Nicht nur bei den Jugendlichen, sondern auch bei Eltern und Pädagogen muss ein Bewusstsein sowohl für die Chancen als auch für die Risiken sozialer Netzwerke geschaffen werden. Mediensozialisation und die Vermittlung von Medienkompetenz beruhen auf Aufgeschlossenheit gegenüber neuen digitalen Technologien und Kompetenz im Umgang mit neuen Medien. Der Pädagogik kommt hier eine hohe Relevanz zu.

Die reale Welt verliert nicht an Bedeutung für die Identitätsarbeit, dennoch muss ein Bewusstschein dafür entstehen, dass sie um eine digitale Welt ergänzt wurde, die nicht weniger starken Einfluss auf die Identitätsarbeit Jugendlicher nehmen kann. Die Aufgabe der Pädagogik besteht aktuell wie auch künftig darin, Jugendliche in einer Weise zu fördern, dass sie Medienkompetenz erlangen, und sie zu sensibilisieren, dass soziale Netzwerke nicht nur drohende Gefahren, sondern ebenso identitätsstiftende Ressourcen sein können.

Das Medium der sozialen Netzwerke ist schnelllebig und dynamisch und stellt sowohl Jugendliche als auch Pädagogen und Eltern vor neue Herausforderungen. Wichtig ist, die Augen nicht vor den Veränderungen zu verschließen, sondern den Weg mitzugehen und zu einem kompetenten und verantwortungsvollen Umgang der Jugendlichen mit sozialen Netzwerken beizutragen.

# Quellen- und Literaturverzeichnis

DÖRING, Nicola (2003): *Sozialpsychologie des Internet. Die Bedeutung des Internet für Kommunikationsprozesse, Identität, soziale Beziehungen und Gruppen.* Hogrefe-Verlag, Göttingen/Bern/Toronto/Seattle.

EIKELPASCH, Rolf; RADEMACHER, Claudia (2004): *Identität.* Transcript Verlag, Bielefeld.

ERIKSON, Erik H. (1966): *Identität und Lebenszyklus.* Suhrkamp Verlag, Frankfurt am Main.

FRITZ, Karsten; STING, Stephan; VOLLBRECHT, Ralf (2003): *Mediensozialisation. Pädagogische Perspektiven des Aufwachsens in Medienwelten.* Leske & Budrich, Opladen.

GERVERUS, Ina-Maria (2009): *Über die Poesie und die Prosa der Räume. Gedanken zu einer Anthropologie des Raums.* LIT Verlag, Münster.

HURRELMANN, Klaus (2006): *Einführung in die Sozialisationstheorie.* Beltz Verlag, Weinheim/Basel.

KEUPP, Heiner; HÖFER, Renate; (Hrsg.) (1997): *Identitätsarbeit heute.* Suhrkamp Verlag, Frankfurt am Main.

KIRKPATRICK, David (2011): *Der Facebook-Effekt: Hinter den Kulissen des Internet-Giganten.* Hanser Verlag, München.

Medienpädagogischer Forschungsbund Südwest (mpfs) (Hrsg.) (2011): *JIM 2011. Jugend, Information, (Multi-) Media, Basisstudie zum Medienumgang 12- bis 19- Jähriger in Deutschland.* Stuttgart. In: http://www.mpfs.de/fileadmin/JIM-pdf11/JIM2011.pdf, [Letzter Zugriff: 06.08.2012].

PALFREY, John ; GASSER, Urs; (2008): *Generation Internet. Die Digital Natives: Wie sie leben, was sie denken, wie sie Arbeiten.* Hanser Verlag, München.

PRENSKY, Marc (2001): *Digital Natives, Digital Immigrants.* In: MCB Universitypress Ltd. (Hrsg.): On the Horizon. Vol. 9, Heft 5, S. 1-6.

TILLMANN, Angela (2008*): Identitätsspielraum Internet. Lernprozesse und Selbstbildungspraktiken von Mädchen und jungen Frauen in der virtuellen Welt.* Juventa Verlag, Weinheim/München.

TURKLE, Sherry (1999*): Leben im Netz. Identität in Zeiten des Internets.* Rowohlt Verlag, Reinbek.

WAGNER, Ulrike; BRÜGGEN, Niels; GEBEL, Christa (2009): *Web 2.0 als Rahmen für Selbstdarstellung und Vernetzung Jugendlicher. Analyse jugendnaher Plattformen und ausgewählter Selbstdarstellungen von 14- bis 20-Jährigen.* München. In: http://www.jff.de/dateien/Bericht_Web_2.0_Selbstdarstellungen_JFF_2009.p df, [Letzter Zugriff: 06.08.2012].


**Internetseiten**

Allfacebook.de – Der inoffizielle Facebook Blog: *Facebook Nutzerzahlen.* http://www.allfacebook.de/userdata/deutschland?period=1month, [Letzter Zugriff: 05.07.2012].

BECK, Christian: *Rezension vom 15.10.2009* zu: Angela Tillmann: Identitätsspielraum Internet. In: socialnet Rezensionen http://www.socialnet.de/rezensionen/7918.php, [Letzter Zugriff: 11.07.2012].


Facebook: *Erklärung der Rechte und Pflichten.* http://www.facebook.com/legal/terms, [Letzter Zugriff: 10.07.2012].


Google: *Selbstfindung.* http://www.google.de/#hl=de&gs_nf=1&cp=13&gs_id=bm&xhr=t&q=selbst findung&pf=p&sclient=psyab&oq=selbstfindung&aq=0&aqi=g4&aql=&gs_l =&pbx=1&bav=on.2,or.r_gc.r_pw.r_qf.,cf.osb&fp=166609642ed9b7d1&biw =1280&bih=707, [Letzter Zugriff: 04.06.2012].


Projektbüro „Schau Hin!": *Kindgerechter Umgang mit sozialen Netzwerken. Tipps und Anregungen für Eltern.* http://schau-hin.info/fileadmin/content/pdf/downloadcenter/SozialeNetzwerke/index.html #/1, [Letzter Zugriff: 07.08.2012].

Sueddeutsche.de: *Echte Menschen auf Facebook*
http://www.sueddeutsche.de/digital/identitaet-in-sozialen-netzwerken-echte-menschen-auf-facebook-1.126786,
[Letzter Zugriff: 30.05.2012].


Szenesprachen-Wiki, ein Gemeinschaftsprojekt von Dudenverlag und Trendbüro:
*Prosument.* http://szenesprachenwiki.de/definition/prosumer/,
[Letzter Zugriff: 06.08.2012].


Wikipedia: *Social Media.*
http://de.wikipedia.org/wiki/Social_Media,
[Letzter Zugriff: 05.07.2012].